Engelhorn Bücherei

Günter Döderlein

Kleine Geschichten über Pflanzen und Heilkräuter

Engelhorn Verlag
Stuttgart

Inhalt

Glaube und Aberglaube

Ohne die Pflanze wäre unsere schöne Erde ein Jammertal, und ohne die Heilpflanze stünde der Mensch allein gegen Krankheit und Schmerz. Gewiß, es gab allerlei Aberglauben, schließlich aber haben Erfahrung und Überlieferung, Vorstellungskraft und Kombinationsgabe zu einer Volksheilkunde geführt, die vieles vorausnahm, was wir erst jetzt deuten können, und manches hinterließ, was auch heute noch der exakten Erklärung harrt.

Dieser Volksheilkunde schulden wir Dank, liegt doch bei ihr der Ursprung unseres Wissens um die Arznei. Wie eine Mutter hat sie ihren Pflanzenkindern Namen gegeben (manchem auch mehrere) und ist dabei geblieben, unbekümmert um Buch- und

Schulweisheit. Lange Zeit hat man von der Höhe der Wissenschaft recht geringschätzig auf die Heilpflanzen herabgesehen. Die gleiche Wissenschaft war es aber auch, die bisher Geheimnisvolles klären konnte und schließlich dazu beitrug, Altüberliefertes besser zu verstehen.

In entlegenen Zonen der Erde drohen heute Kulturen auszusterben. Wir schicken Wissenschaftler dorthin. Und wieder sind es Glaube und Aberglaube, Mythen, Sagen und Legenden, bei denen der Schlüssel für das Wissen um die Heilkunst auch dieser Völker liegt. Für die Erforschung der von den »Pflanzenjägern« mitgebrachten Drogen geben pharmazeutische Unternehmen große Summen aus.

Mohn

Die Überlieferung des Morgen- wie des Abendlandes ist voller Hinweise auf Heilpflanzen. Sumerische

Tollkirsche

Quellen, fast fünf Jahrtausende alt, erwähnen eine große Zahl, darunter Opium, assyrische Aufzeichnungen sogar weit über zweihundert Arten. Ein babylonisches Dokument, in Stein gemeißelt, nennt nicht nur Namen, sondern beschreibt auch die Anwendung. Es sind heute noch verwendete Kräuter dabei. Unter der Arznei Mesopotamiens finden sich Mohn, Tollkirsche, Bilsenkraut, aber auch Thymian, Safran, Myrrhe. Der altägyptische Papyrus Ebers, etwa dreieinhalb Jahrtausende alt, enthält fast 900 Rezepte. Hauptbestandteile sind Heilpflanzen, von denen viele noch immer in unseren Arzneibüchern stehen. Ähnliche Zusammenhänge finden sich in chinesischen, indischen, auch in südamerikanischen Kulturbereichen.

Alle diese Völker brachten ihre Arzneikräuter in Verbindung mit Dämonen, guten oder bösen Geistern. Nur diese, so meinten sie, konnten ihnen solche Kräfte gegeben haben.

Anders die Griechen.

Zwar hatte ein griechischer Arzt-Philosoph aus dem dritten vorchristlichen Jahrhundert die Heilpflanzen »Hände der Götter« genannt, dabei aber gewiß nicht an Dämonen und gute oder böse Geister gedacht. Gerade die Entmythologisierung der Natur gehört ja zu den bedeutendsten Beiträgen der Griechen zur abendländischen Kultur. Das aber hat dieses phantasiebegabte Volk keineswegs davon abgehalten, ihre Götter wieder und wieder in Menschlich-Allzumenschliches zu verwickeln. Dies darf nicht als Lästerung verstanden werden, denn diese Götter konnten lachen, auch über sich selbst. Wo können das Götter sonst noch auf der Welt?

Papyrus

So verdanken wir gerade der griechischen Mythologie eine Fülle von Sagen und Legenden. Mögen vielleicht manche auch nicht rein klassischen Ursprungs sein, so sind sie doch gut nachempfunden und spannend nacherzählt.

Und unsere eigenen Vorfahren?

Mit Körper, Geist und Seele waren sie der Natur verbunden. Tieren und Pflanzen fühlten sie sich verschwistert. Verwandlungen untereinander kommen in vielen Märchen vor. Wie in anderen Kulturen waren Heil- und heilige Pflanzen den Göttern geweiht, aber auch Sitz guter oder böser Geister, besonders seitdem man um die Heilkraft der einen oder die Schädlichkeit der anderen wußte.

Mit dem Christentum kam die Vorstellung auf, Gott habe gegen jede Krankheit ein Kraut geschaffen. Auch die Giftpflanzen stünden in seinem Schöpfungsplan: Nichts sei unnütz, was der Erde entsprieße, schrieb der Kirchenvater Ambrosius (339–397). Was nutzlos erscheine, nütze dennoch anderen oder bei anderem Gebrauch. Außerdem, so glaubte man bis in unser Jahrhundert hinein, seien in jede Heilpflanze geheime Zeichen gesetzt, die nur der Kundige erkennen könne. Aus Form und Farbe ließe sich auf die Wirkung schließen.

Schöllkraut

Die Klöster trugen das antike Kulturgut weiter. Mönche waren Berater bei der karolingischen Hofgüterordnung, die Ende des 8. Jahrhunderts festlegte, welche Nutzpflanzen auf den königlichen Gütern angebaut werden sollten. Erwähnt sind Salbei, Kümmel, Kresse, Petersilie, Minze und viele andere. Es folgten Generationen von Kräuterbüchern, Höhepunkte des medizinischen Wissens ihrer Zeit – heute streng gehütete Kostbarkeiten in unseren Bibliotheken.

Neben diesen vielseitigen Bemühungen,

aber wenig von ihnen berührt, stand die Volksmedizin. Sie nannte die Heilpflanzen nicht nach lateinischen Vorbildern, sondern nach den alten Göttern, nach der Jungfrau Maria und den Heiligen, ebenso unbekümmert nach Hexen, Teufel und Belzebub. Deshalb gibt es ja so viele Marien-, Hexen- und Teufelskräuter. Oft genug ist dann immer wieder ein anderes gemeint, und die Systematiker raufen sich die Haare, weil sie gewöhnt sind, die Namen als Unterscheidungsmerkmal zu benutzen.

Petersilie

In besonders hohem Ansehen standen stark duftende Pflanzen, als Arznei wie als Schutz- und Zaubermittel gegen Hexerei, Krankheit und Tod. Manche sollten hieb- und stichfest machen und auch den Säugling in der Wiege schützen. Wieder andere gaben Stärke und ein langes Leben, Glück in der Liebe, Fruchtbarkeit und Kindersegen. Gruselig hören sich die Berichte von der Mandragorawurzel an, dagegen klingen andere Namen ganz vertraut: Frauenmantel, Augentrost, Kindelkraut, Hirtentäschel oder Mützchentee.

Frauenmantel

Vom Heilkraut zur Pflanzenarznei

Der hochgeehrte Kirchenvater Ambrosius, der im vierten Jahrhundert lebte, hat es so beschrieben:

»Die Arzneikunst nahm ihren Anfang mit den Heilkräutern, aber noch größere Kraft hat göttliche Liebe und Barmherzigkeit für den kranken Menschen.« Dennoch soll man die Heilkräuter nicht verachten, die der Schöpfer in seiner klugen Voraussicht wachsen läßt. Alles, was der Erde entsprießt, hat seine besondere Bestimmung. Nichts ist umsonst, nichts ist unnütz. Was wertlos dünkt, das nützt anderen. Was dem Menschen schädlich ist, das bietet vielen Tieren nützliche Nahrung.

Der Kirchenvater bezieht sich auf antike Quellen. Allerdings stand bei den Griechen eine gesundheitserhaltende Lebensführung gleichberechtigt daneben. Wir erinnern uns heute dessen wieder und überlassen nicht mehr alles allein der Arznei.

Dieser sachlichen Auffassung der Antike stand die mittelalterliche Vorstellung des Volkes gegenüber, Gott habe gegen jede Krankheit ein Kraut geschaffen. Giftiges galt als Werk des Teufels, Gott wollte man nicht zutrauen, in manche Pflanzen Gift gelegt zu haben. Noch heute finden sich in einer kürzlich aufgelegten Zusammenstellung über 50 Pflanzennamen, die mit dem Teufel in Zusammenhang gebracht sind. Dagegen wandte sich der oben erwähnte Ambrosius sehr energisch:

Es liege in den Giftpflanzen kein Grund zum Tadel des Schöpfers, sondern Anlaß zu Dank, weil darin ein Heilmittel verborgen sein könne, nur eben Vorsicht ist geboten. Damit meinte er sicherlich die richtige Dosierung, wohl schon damals wissend, daß der Giftbegriff mit der Menge zusammenhängt.

Damit nun der Mensch die Wirkung

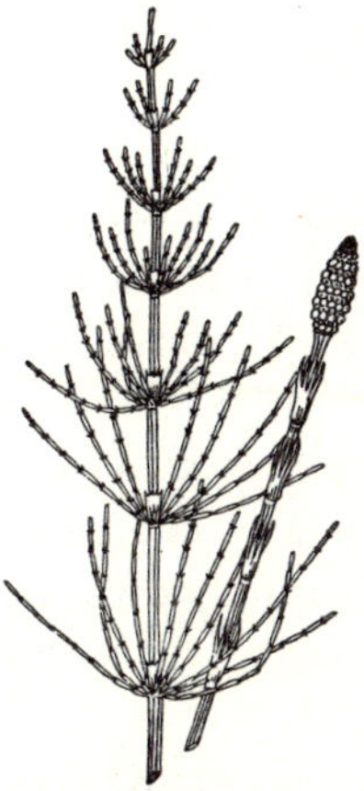
Schachtelhalm

eines Krautes erkenne, so sagte der Volksmund und auch kirchliche Stimmen mischen sich darunter, habe sie Gott mit geheimen Zeichen versehen, die nur der Kundige erkennen könne: Beispielsweise deute die gelb-braune Farbe des Preßsaftes aus Schöllkraut auf seine Heilkraft als Galle- und Lebermittel hin. Schachtelhalm könne seiner Röhrenform wegen bei Entzündungen der Luftröhre als Hustenmittel verwendet werden. Johanniskrautblätter haben Öldrüsen, die, gegen das Licht gehalten, winzigen Durchbohrungen ähneln, also hat Gott dieses Kraut als wundheilendes Mittel gedacht.

Man mag hierüber denken, wie man will, eines steht fest: Alle drei Heilpflanzen werden heute noch im gleichen Sinne verwendet und sind feste Bestandteile der modernen Phytotherapie.

Der bedeutende Arzt-Apotheker Paracelsus (1493–1541) hat ähnliche Gedanken niedergelegt, ging aber noch einen Schritt weiter: Gott lasse in jedem Land solche Heilkräuter wachsen, die gegen die dort vorkommenden Krankheiten wirkten. Daher sei es unnötig, exotische Gewächse einzuführen. Über seine Kollegen spottete er: »Sie sehen hundert Meil ein Kraut, und das vor den Füßen nicht...«

Der Untergang des Römischen Reiches und die Völkerwanderung haben die Tradition der Heilpflanzen nicht unterbrechen können. Jetzt waren es die Klöster, die das Wissen bewahrten und weitertrugen. Besonders erwähnenswert ist hier die Äbtissin Hildegard von Bingen (1098–1179), die viele Pflanzen beschrieben und auch deutsche Namen verwendet hat. Grundlage hierfür waren ihr auch Kräuter südlicher Breiten, wie sie in der Hof- und Güterordnung aus der Zeit Karls des Großen standen. Ungefähr zur gleichen Zeit mit diesem »Capitulare« entstand eine poetische und liebenswerte Arbeit des Mönches Walahfried Strabo. Dieser in lateinischen Hexametern geschriebene »Hortulus« (das Gärtlein) bringt sehr genaue Angaben auch über Zubereitungen und Wirkung.

Mit der Entdeckung der neuen Welt, der Wege zu bis dahin unbekannten Küsten und Regionen gelangten neue Drogen in den abendländischen Kulturkreis. Das fiel zusammen mit der Erfindung der Druckerkunst, und so wurden bald auch Heilkräuterbücher auf diese neue Art gedruckt und reichlich mit Holzschnitten illustriert. Sie ließen sich nun schneller herstellen, aber auch schneller kopieren. Einige herausragende Exemplare von solchen Kräuterbüchern zählen heute zu den wertvollsten Stücken pharmaziehistorischer Sammlungen.

Pflanzen in der Kunst

Darstellungen von und mit Pflanzen können wertvolle Hinweise geben auf überlieferte Texte. Manchmal sogar sind sie deren Vorgänger, wie einige altägyptische Grabmalereien oder mesopotamische Abbildungen. Griechen und Römer haben Pflanzen auf Vasen und Münzen angebracht, dies oft mit erstaunlicher Genauigkeit. Im Gegensatz dazu steht das beginnende Mittelalter. An romanischen Kapitellen ist die Pflanze meist nur Symbolträger und überspringt dann häufig die Grenzen zum Tier. Überwiegend naturgetreue Einzeldarstellungen finden sich erst ab dem 12./13. Jahrhundert, in der Kathedralarchitektur wie in der Malerei. Paradiesgärten werden jetzt mit Nutz- und Heilpflanzen angefüllt, Maria und das

Kind in üppiger Blütenfülle gezeigt, Heilige zusammen mit ihnen zugeordneten Gewächsen. Pflanzenhistoriker wollen allein auf Grünewalds Malereien zum Isenheimer wie Stuppacher Altar an die zwanzig »Marienblumen« identifiziert haben. So hat die Kunst den Weg von der heiligen zur Heilpflanze wieder zurückvollzogen.

In der Renaissance beschäftigten sich viele darstellende Künstler selbst mit naturwissenschaftlichen Problemen. Abbildungen und Text kommen aus einer Hand und ergänzen sich, was der Kräuterbuchliteratur ein hohes Niveau gibt.

Die Kunst verleiht den Dingen Unsterblichkeit, mögen es Alltagsdinge sein oder außergewöhnliche. Heilpflanzen sind beides, verbinden sie doch natürliche Schönheit mit dankbar empfundener Nützlichkeit.

Segensreiche Giftpflanze

Die Begegnung mit dem Gift gehört zu den grauenvollsten Erlebnissen der Menschen; denn Gift ist nicht wie jene Naturkräfte, deren Macht er sich seit jeher beugt, denen er immer schon Opfer an Gut und Leben bringen mußte.

Gift ist anders!

Es ist still und unscheinbar, ihm fehlen die äußerlichen Attribute von Macht und Schrecken. Es ist unheimlich und fast zauberhaft, ein Zwerg unter den Gewalten der Natur, aus dessen Winzigkeit unversehens Furcht und Tod erwachsen kann. Aber nicht genug damit! Gift macht die Feigheit stark, läßt Hinterlist triumphieren, gibt der Rache freie Bahn und verspricht der Habgier Erfolg.

Hochgestellte, häufigste Opfer für Vergiftungen, suchten sich durch Vorsicht und Gegengift davor zu schützen. Und trotzdem fand die List einen Weg. Es hört sich an wie eine Fabel, daß gerade in der Renaissance, einer Zeit kultureller Hochblüte, Berufsvergifter den Dogen von Venedig Preislisten vorlegten. Angeboten wurden Vergiftungen bedeutender Persönlichkeiten zu festen Sätzen, bei garantiert sorgfältiger und unauffälliger Arbeit. Päpste waren billig. Ihre Beseitigung kostete nur hundert Dukaten, der Sultan war teuerer; er kostete das fünffache.

Nieswurz

Es scheint, als ob Tiere mit dem Gift ein stillschweigendes Übereinkommen getroffen hätten: denn Vergiftungen in freier Wildbahn kommen fast überhaupt nicht vor. Bei niederen Tieren ist Giftfestigkeit sogar eine weitverbreitete Erscheinung. So nähren sich z.B. manche Raupen nur von Giftpflanzen. Schnecken vertragen Strychnindosen, die für den Menschen tödlich sind. Lerche und Wachtel fressen ohne Schaden an Wasserschirling oder Tollkirsche. Hühner und Ratten zeigen sich gegenüber Atropin weit weniger empfindlich als der Mensch. Für Mungo und Igel sind Giftschlangen Alltagsnahrung. Schafe und Ziegen vertragen viele Pflanzengifte.

Seidelbast

Aber auch der Mensch hat sich im Laufe der Jahrtausende an die Nachbarschaft von Gift gewöhnt. Mehr noch: Er hat es in sein Leben einbezogen. Heute kann uns das

Wort nicht mehr so erschrecken wie die Menschen früherer Zeiten, werden doch die Medien nicht müde, Tag für Tag zu sagen, was es alles für Fürchterlichkeiten gibt.

Paracelsus, Zeitgenosse Luthers, bedeutendster Arzt-Apotheker seiner Zeit, hat Gift so erklärt: Alle Dinge seien giftig und nichts sei ohne Gift. Allein die Dosis mache, daß ein Ding kein Gift sei. Gift, ein Qualitätsbegriff, diese Erklärung gilt bis auf den heutigen Tag. Dazu kommt die individuelle Wirkung. Alter, Geschlecht, Zustand, Rasse, besonders auch die Gewöhnung spielen eine entscheidende Rolle. So sind letztendlich alle Definitionen und Einteilungen unbefriedigend geblieben; denn genaugenommen ist »Gift« kein einheitlicher Begriff und »giftig« keine eindeutige Bezeichnung. Erst von einem bestimmten Schwellenwert an kann von Gift gesprochen werden. Darunter liegt bei vielen Pflanzen der Begriff »Arznei«.

Dieser Weg von der Giftpflanze zur Arznei begann in den orientalischen Hochkulturen. Seit urdenklichen Zeiten soll es dort geheimnisvolles Wissen gegeben haben um tierische, pflanzliche und mineralische Gifte. Sie als Arznei zu verwenden, wird anfangs Zufall gewesen sein und sicherlich bedeutungslos; denn von solcher Art war der ursprüngliche Umgang mit Giften nicht. Man brauchte sie, unbequeme Zeitgenossen aus dem Wege zu räumen, Todesstrafen zu vollstrecken oder Gottesurteile herbeizuführen. Orientalische Potentaten ließen Giftpflanzen sammeln oder züchten und sie an Tieren und Menschen erproben.

Jene Methoden blieben keineswegs legendärer Vergangenheit vorbehalten, als ein Menschenleben nichts galt. Noch Mitte des 18. Jahrhunderts, während einer Mutterkornepidemie in Schweden, wurde vorgeschlagen, Schwerverbrechern mutterkornhaltiges Brot zu geben, um den Vergiftungsverlauf zu erforschen.

Daß Wissenschaftler und ihre Mitarbeiter auch sich selbst nicht schonten, zeigen die vielen uns überlieferten Selbstversuche, wenn es galt, die Grenzen zwischen Gift und Arznei auszuloten.

Als frühester, bedeutendster, aber auch skrupellosester Experimentator mit Menschenleben gilt Mithridates (132–63 v.Chr.), der König von Pontus, ein ebenso machthungriger wie vielseitig gebildeter Mann. Er war ein erbitterter Feind der Römer, und diese brauchten tatsächlich drei Feldzüge, ihn zu besiegen. In seinem Palast fand man Aufzeichnungen, die »viel Licht über den Charakter des Königs verbreiteten«. Was man damals vermutete, wurde Gewißheit: Er hatte den eigenen Sohn vergiftet, auch viele ihm Nahestehende, die sein Mißtrauen geweckt hatten.

Besonders erwähnt werden die »geheimen Schriften«. Als eine Art Enzyklopädie über die Gifte waren sie für die damalige wissenschaftliche Welt von großer Bedeutung. Es macht deutlich, wie sehr Mithridates Giftanschläge fürchtete, weshalb er

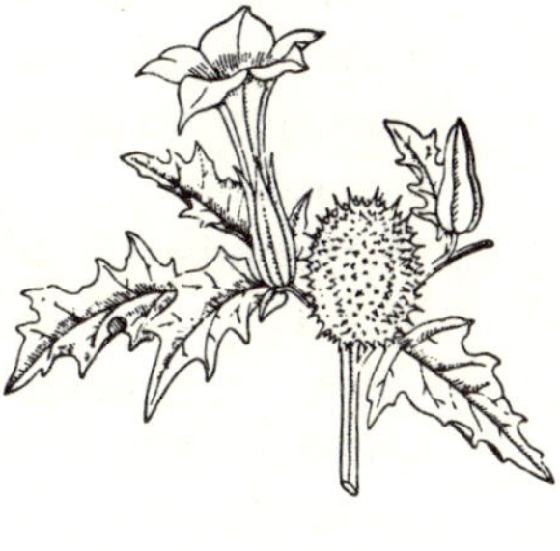

Stechapfel

Schierling

mit Menschen experimentierte und Gegenmittel erprobte. Um sich selbst zu feiern, nahm er die verschiedensten stark wirkenden Stoffe in ständig steigenden Dosen, und es scheint tatsächlich eine gewisse Widerstandskraft eingetreten zu sein. Überliefert ist, er habe sich durch ein starkes Gift selbst töten wollen, um nicht lebend in die Hand der Römer zu fallen. Aber »das Gift griff ihn nicht an«, und er mußte sich von einem vertrauten Sklaven mit dem Schwert umbringen lassen.

Mithridates galt lange Zeit als Erfinder des Theriaks, eines wunderbaren Gegengiftes. Aber dieses Mittel war längst schon vor ihm bekannt, seine Zusammensetzung an der Mauer des Asklepiostempels auf Kos eingemeißelt: einfache Heilpflanzen, welche die ihnen zugesagte Wirkung bestimmt nicht gehabt haben können. Der Beitrag des pontischen Königs zum Theriak zeigten den guten Beobachter und phantasiebegabten Experimentator. Er ließ dem Pflanzengemisch Fleisch von giftproduzierenden Tieren und Entenblut (möglicherweise getrocknet oder als Extrakt) hinzufügen. Das eine in der Annahme, der Körper der Gifttiere enthalte Mittel gegen das eigene Gift, das andere, Entenblut, weil Enten, wie auch manche andere Vögel mit Vorliebe giftige Beeren essen. Beides traf zwar nicht zu, nahm aber einige Vorstellungen moderner Immunitätstheorien voraus.

Wie auch immer, ein Gegengift, gleich welcher Zusammensetzung, wurde noch lange Zeit »Mithridat« genannt, nach dem König von Pontus.

Betrachtet man Arznei als Mittel, Leid zu lindern oder aufzuheben, dann ist Gift allerwirksamste Arznei. Shakespeare hat diese harte Konsequenz als Wortspiel in »Romeo und Julia« verwendet, Lessing hat sie in seinem »Nathan« versöhnlich abgewandelt.

In vielen Hochkulturen war, trotz gegenteiliger Beteuerungen, Sterbehilfe, Mord und Selbstmord mit Pflanzengiften durchaus legitim. Die damaligen Ärzte haben so gehandelt, weil sie überzeugt waren, lebensuntüchtiges Leben, unheilbare Krankheit und unerträglicher Schmerz rechtfertige dies.

Der Weg von der Giftpflanze zur Arznei konnte erst dann zu einem nützlichen Ziel führen, als es gelang, die wirksamen Bestandteile zu isolieren, zu erproben und ständig zu verbessern. Möglicherweise werden dabei altüberlieferte Erfahrungen und Aufzeichnungen nützlich gewesen sein.

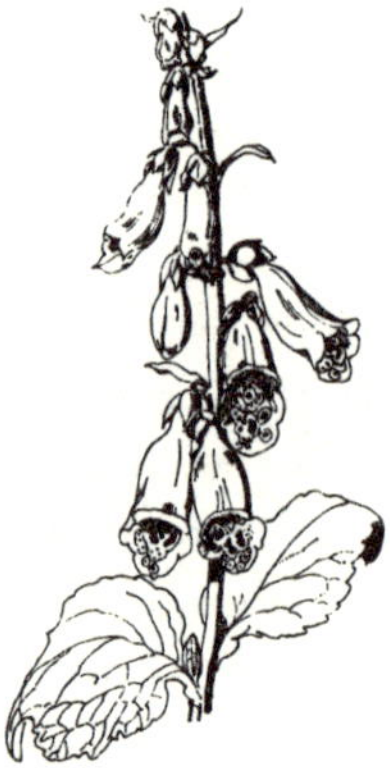

Fingerhut

Rosmarin und Thymian

Daß man auch anders zu Achtung und Ruhm gelangen kann, als durch augenfällige Farben und Formen, das zeigen ein paar unscheinbare Pflänzchen aus der Reihe der aromatischen Lippenblütler. Sie schlagen den guten alten Weg über die Nase ein, um zu wirken. Trotz des üppigen Angebots an natürlichen und kunstvollen Duftkomplexen durch die Parfümerie, trotz erfolgreicher Bemühungen aller Zivilisationen, unseren Nasen alles fernzuhalten, was in einem schlechten Geruch steht, kennen wir noch einfache Gerüche der Natur. Das Geruchsvermögen war in früheren Zeiten von größerer Wichtigkeit für den Menschen als heute.

Duftenden Kräutern waren Aufgaben zugewiesen, die denen prächtiger Blumen gewiß nicht nachstanden. Eines von ihnen ist die Minze. Sie war von den Griechen der Liebesgöttin geweiht worden und hieß sogar »Krone der Aphrodite«. Die Göttliche wußte natürlich, daß über das Geruchsorgan geheime und eben deshalb um so tiefgehendere Wege in die Seele führen. Und je nachdem auf wen und mit welcher Absicht es wirken sollte, mußte aufreizender oder einschläfernder, begehrlich oder selbstvergessen machender, aber auch Böses abwehrender Duft zur Hand sein. Blumen, Bäume und Sträucher boten hierfür eine reiche Auswahl. Doch das, was weckt, reizt und beflügelt, das wohnt häufig in den unscheinbaren Kräutern mit den Lippenblüten, von denen die Minze eines ist.

Im Norden wird dem Thymian ähnliche Wertschätzung zuteil wie der Minze im Süden. Er ist Freya, der Göttin der nordischen Liebe, heilig. Freilich muß man bedenken, daß Aphrodite und Freya, ohne Übertreibung kann man es sagen, himmel-

Minze

weit voneinander entfernt sind. Die Alpen liegen dazwischen. Und hier, in diesem Bergland, in Tirol, hat der Thymian den Namen »Jungfernzucht« bekommen, denn man traut ihm die Kraft zu, ein Mädchen gegen unziemliche Versuchungen zu feien.

Minze und Thymian werden aber weit überflügelt vom Rosmarin, der bei manchen Völkern eine echte Zeremonialpflanze geworden ist und weder bei der Taufe noch bei der Hochzeit, noch beim Tod fehlen durfte. Mag sein, daß sein würziger Duft für besonders abwehrkräftig befunden wurde und seine Allgegenwart bei feierlichen Anlässen ursprünglich in der Furcht vor bösen Geistern ihren Grund hatte.

Die Feiung gegen Versuchungen der Liebe, wie beim Thymian, ist gewiß nur ein Ausschnitt aus der großen, umfassenden Kraft dieser aromatischen Kräuter. Diese ganz spezielle Abwehrkraft ist es, die im Badischen junge Eheleute veranlaßt, sich gegenseitig Rosmarin in die Kleider oder ins Hutfutter zu nähen. Er soll dem anderen helfen, die Treue zu bewahren.

Thymian

In deutschen Gauen war Rosmarin der Vorläufer der Myrte als Pflanze des Brautkranzes. Im österreichischen Alpenland trugen sogar beide Brautleute den Rosmarinkranz, und mit ihm machte man gleich nach der Trauung eine bedeutsame Probe. Gelang es der Braut, dem Herrn und Gebieter den Kranz vom Kopf zu nehmen, dann war das für seine Hausherrenschaft ein schlechtes Vorzeichen. Es läßt sich nicht leugnen, daß die abwehrenden Kräfte der aromatischen Kräuter nicht nur gegen böse Geister eingesetzt wurden oder nur Schutzkräfte der Ehe symbolisierten. Vielmehr traute man ihnen auch zu, solchen Geschehnissen entgegenwirken zu können, die an sich gut, nur eben nicht zu allen Zeiten erwünscht sind. Solches Zutrauen war Grundlage verbreiteten Brauchtums, sinnbildhafter Verwendung, wie wir sie nicht zuletzt aus vielen Versen kennen. Sogar Kinderlieder sprechen es aus, was ein Mädchen, das dem Geliebten gegenüber nicht immer hart und standhaft bleiben konnte, von Thymian und Rosmarin erwartete:

Rosmarin

Rosmarin und Thymian
Wächst in meinem Garten.
Jungfer Ännchen ist die Braut,
Kann nicht länger warten.
Roter Wein und weißer Wein,
Morgen soll die Hochzeit sein.

In solchen Versen ist so manches an Erwartung und Befürchtung, an Freude und leisem Kummer, an Wissen und kindlichem Gereime zusammengeflossen.

Myrte

Auf Kreta steht gerade der Königssohn incognito, Paris, vor der schweren Entscheidung, unter drei Göttinnen die Schönste herauszufinden. Zwar fand die Sache unter Ausschluß der Öffentlichkeit statt, aber für die Griechen kein Grund, nicht doch noch ein paar Einzelheiten herauszufinden. Sie machten es eben wie gute Reporter, für die eine Story aufregend und interessant sein muß. Sie erinnerten sich der Myrte, die auf Kreta auch heute noch wächst, wohlriechend, mit weißen Blüten und kräftig grünen Blättern. Warum hätte sich Aphrodite vor der Wahl nicht ein bißchen damit herausputzen sollen?

Der Reporterinstinkt der Griechen scheint so schlecht nicht gewesen zu sein;

denn die Neigung der Göttin zur Myrte läßt auf Dankbarkeit für gute Dienste schließen. Die Mythologie nennt dafür ein besonders auffälliges Zeichen:

Da war die Geschichte von jenem angesehenen Kaufmann, nennen wir ihn Herostrat, der von Hafenstadt zu Hafenstadt reiste und so seinen Geschäften nachging. Eines Tages entdeckte er ein Bild der Aphrodite. Es gefiel ihm, er kaufte es und nahm es mit an Bord. Auf der Rückreise geriet das Schiff, es soll unweit der ägyptischen Küste gewesen sein, in ein fürchterliches Unwetter. Der Kapitän verlor die Orientierung, von der Besatzung wurde der größte Teil seekrank. Herostrat aber entsann sich des Bildes, ließ es aufstellen, und dann geschah folgendes: In den leeren Töpfen, welche das Schiff als Fracht geladen hatte und die vom Sturm herumgewirbelt worden waren, wuchsen plötzlich Myrten. Mit ihrem Wohlgeruch vertrieben sie die Seekrankheit und weckten bei der Besatzung neuen Mut. Gleichzeitig kam die Sonne wieder hervor, die Wogen glätteten sich, und das Schiff erreichte unversehrt den nächsten Hafen. Da trug der Kaufmann das Götterbild an Land, brachte der Retterin ein Opfer mit Myrtenzweigen. Man beschloß das Fest mit einem Mahl, wobei jeder einen Myrtenkranz trug.

Myrte

Dieser Myrtenkranz tauchte bei uns etwa im 17. Jahrhundert als Brautkranz wieder auf: die Myrte verdrängte allmählich den Rosmarin. Viele junge Mädchen zogen, so ist überliefert, ihren Myrtenstock selbst, schmückten sich mit seinen Zweigen und warfen ihn dann weg; denn ein neuer Lebensabschnitt hatte begonnen.

Wo der Pfeffer wächst…

Das Land, wo der Pfeffer wächst, liegt nicht nur im Sprichwort weit weg. Es sind die Gebiete der Malabarküste (Pfefferland) im Südwesten Vorderindiens und Inseln des indonesischen Archipels. Dort rankt sich die Kletterpflanze an Bäumen bis zu 7 Meter empor. Die Früchte sind anfangs grün und werden dann rot. Unreif getrocknet sind sie der begehrte »schwarze« Pfeffer. Erntet man sie reif und läßt das Fleisch vergären, dann kommen jene weißen runden Samen zum Vorschein, die wir »weißen« Pfeffer nennen.

Man schrieb das Jahr 1503.

Dreizehn portugiesische Handelsschiffe kehrten von großer Fahrt in ihre Heimat zurück. Sie kamen aus Indien und standen unter dem Kommando eines der kühnsten Seefahrer seiner Zeit, Vasco da Gama. Beladen bis unter das Deck waren sie mit Pfeffer, eine unvorstellbar kostbare Last. 1497 schon hatte da Gama das Kap der guten Hoffnung umsegelt und den direkten Weg zum Pfefferland gefunden.

Diese Fahrten hatten weitgehende wirtschaftliche und politische Folgen. Lissabon wurde Zentrum des europäischen Gewürzhandels, Venedigs bisheriges Handelsmonopol durchbrochen. Bis dahin war dessen Flotte die Hauptverbindung zwischen Asien und Europa gewesen. Unmengen von Gewürzen hatte man dort umgeschlagen, wovon ein großer Teil, auf Maultieren verladen, seinen Weg über die Alpen nach Deutschland fand, besonders in die großen Handelszentren Nürnberg und Augsburg.

Der lange Weg ins Pfefferland forderte das Leben vieler Seefahrer, die unterwegs an Skorbut starben, einer Vitamin-C-Mangel-Krankheit. Längs der afrikanischen Küste legte man Kolonien an, um dort gutes Wasser, frisches Obst und Gemüse aufzunehmen. So häufte sich Portugals Landbesitz im Lauf der Zeit auf das Hundertfache des Mutterlandes an, und sein Reichtum war in aller Welt bekannt.

Aber wie das oft geschieht: Was gute Handelsbeziehungen aufgebaut hatten, das machte eine weniger gute Politik zunichte. Portugal mußte seine indischen Gebiete an

Pfeffer

die Holländer abtreten, die dann schließlich von den Engländern aus Indien verdrängt wurden.

Wenn einige Pflanzen sogar Weltgeschichte gemacht haben, so gilt das für den Pfeffer ganz gewiß. Die Suche nach dem direkten Weg zur Pfefferküste hatte nicht nur zur Umsegelung Afrikas geführt, sondern, fünf Jahre zuvor, zur Entdeckung Amerikas. Kolumbus vermutete richtig, die Erde sei eine Kugel und man käme nach Indien, wenn man in westlicher Richtung weiter und weiter segelte. Daß dazwischen ein ganzer Kontinent liegt, das allerdings wußte man nicht. Als die Spanier nach mühevoller Fahrt Festland erblickten, hielten sie es für die Westküste Indiens, und noch heute heißt diese Inselgruppe Westindien.

Berichtenswert ist die Vorgeschichte.

Als Kolumbus für seine Fahrt den spanischen Hof um Unterstützung bat, erklärten die zu Gutachtern bestellten Professoren es für einen rechten Unsinn, auf der Erdscheibe einen Punkt im Osten erreichen zu wollen, indem man nach Westen segle. Kolumbus solle nur nicht zu weit hinausfahren, sonst könnte er mit seinen Schiffen vom Rande der Scheibe herunterfallen. Nehme man aber an, die Erde sei, wie manche Wirrköpfe behaupten, wirklich eine Kugel, wäre damit auch nichts gewonnen. Es möge Kolumbus vielleicht gelingen, nach Westen den Ozean hinabzusegeln, wie wolle er aber auf dem Rückweg den runden Berg wieder hinaufkommen?

Gerade aber Kolumbus' doch geglückte Überfahrt bestätigte die Kugelgestalt der Erde.

Nach den Überlieferungen war den ostasiatischen Völkern der Pfeffer nicht nur Gewürz, sondern auch Kultmittel, dem Salz unserer Vorfahren ähnlich. Ausdrücklich erwähnt wird er in den Religionsurkunden Indiens. Von dort haben ihn die Perser übernommen, und so wird er über phönizische Kaufleute in die Mittelmeerländer gekommen sein.

Im Rom der Kaiserzeit war Pfeffer bei

Tisch ebenso beliebt wie in den Schatzkammern. Man konnte ihn mit Gold aufwiegen, als Geschenk und Zahlungsmittel verwenden für Abgaben, Renten, Steuern und Zölle. Der Ostgotenkönig Alarich soll nach der Belagerung Roms als Lösegeld Pfeffer sackweise erhalten haben. Viele der feinen Leute in der Ewigen Stadt luden nur zu Tisch, damit man ihren Reichtum am Pfeffergehalt der Speisen auch wirklich schmecken könne. Unbesehen galt jeder Pfefferhändler als steinreicher Mann wie später im Mittelalter auch, als man, wenig hochachtungsvoll, von »Pfeffersäcken« sprach.

Plinius (23–79 n. Chr.) berichtet in seiner »Naturgeschichte«, der Pfeffer werde leider oft verfälscht. Die Klage setzte sich durch die Jahrhunderte ständig fort, und es gab auch immer wieder Grund dafür. Allmählich aber wurden die Pfefferorgien seltener, weniger auch die Berichte, die ein Mahl nur deshalb lobten, weil scharf gepfeffert worden war. Heute, Statistiker haben es errechnet, verbraucht in unserem Lande jeder im

Durchschnitt 25 Gramm, nicht schlecht, bedenkt man, daß damit Kochsalz gespart und Magen und Darm ein guter Dienst erwiesen wird.

Als Arznei wird Pfeffer in fast allen orientalischen Hochkulturen erwähnt. Mit Opium verräuchert, soll ihn ein aus Numidien stammender Arzt in Rom gegen Zahnweh verwendet haben. Im Mittelalter waren »Pfefferkuchen« Nachfolger der ursprünglichen Kult-, Heil- und Opferbrote. Allerdings darf man hier den Namen nicht wörtlich nehmen. Pfeffer war nun einmal das vornehmste Gewürz. Grund genug, die Brote zwar danach zu nennen, aber aus gutem Grunde lieblicher zu würzen, so das Nützliche mit dem Angenehmen zu verbinden.

Arznei aus Stangen: der Zimt

Es war ein häßlicher Tag, als der 1530 zum deutschen Kaiser gekrönte Karl V. in Augsburg ankam. Es stand nicht gut um seine Sache. In Deutschland war er auf große Schwierigkeiten gestoßen. Die Kurfürsten hatten, mit Waffengewalt eingeschüchtert, dazu noch bestochen werden müssen. Das Geld hierfür hatte Jakob Fugger geliehen.

Karl war nach Augsburg gekommen, hauptsächlich um seine Finanzen zu ordnen. Um es deutlich zu sagen, er konnte nicht zurückzahlen und mußte den königlichen Kaufmann um Aufschub bitten. Doch der Empfang war nicht wie für einen Bittsteller. Von den Kaminen des Hauses kam wohltuende Wärme und schuf eine entspannende Atmosphäre. Fugger mahnte nicht und stellte keine Forderungen. Er nahm den Schuldschein, legte ihn auf ein Bündel Zimt im Kamin und verbrannte beides. Die Szene ist später häufig im Bild festgehalten worden, war sie doch mehr als das Ungültigmachen eines Schuldscheines, die noble Geste eines königlichen Kaufmannes gegenüber seinem Kaiser; denn ein Kilo Zimt dürfte damals um die tausend heutiger Mark gekostet haben. Dennoch war diese Menge eine Winzigkeit gegen das, was man, um die Preise hochzuhalten, in den Importländern zu verbrennen pflegte. 1760 sollen es innerhalb weniger Tage Zimt und Muskat im Wert von 16 Millionen Livres gewesen sein. Wir können uns den heutigen Wert dieser Summe kaum vorstellen, eher schon den aromatischen Duft, womit den Berichten nach die Luft meilenweit erfüllt gewesen sein soll.

Was wir Zimt nennen, sind präparierte und ineinander gesteckte Rindenstücke eines auf Ceylon heimischen immergrünen Baumes. Er erreicht eine Höhe von 6–10 Metern und einen Stammumfang von etwa einem halben Meter. Die Eingeborenen verwendeten auch die Wurzeln, woraus sie einen kampferartigen Stoff gewannen. Blüten und Blätter verarbeiteten sie zu einem Duftstoff, die Früchte zu Pflanzenfett.

Um die Wende zum 16. Jahrhundert brachten einige Portugiesen Berichte mit von ihren Reisen nach Ceylon, die für die Menschen dort bald zu einer sehr harten Realität werden sollten. Zwar hatten bis dahin die einheimischen Könige schon ein strenges Regiment geführt, was aber nun folgte, gehört zu den düstersten Kapiteln europäischer Kolonialherrschaft. Portugiesen, Holländer, Engländer überboten sich an Grausamkeiten. Der Zimtschäler mußte in manchen Jahren bis zu sechs Zentner abliefern, als Gegenleistung bekam er einige Handvoll Reis täglich. So wurde der Zimthandel zum einträglichen internationalen Geschäft, besonders seitdem man den Plantagenanbau eingeführt und diesen schließlich auf andere Inseln und Kontinente verpflanzt hatte.

Wie so viele andere Gewürze ist Jahrtausende zuvor auch schon der Zimt über die Küsten des Roten Meeres in den Mittelmeerraum gekommen. In einem ägyptischen Rezept wird er als Bestandteil von kultischem Räucherwerk genannt und gehörte zum Salböl der Juden. Von Kaiser Vespasian (9–79 n. Chr.) ist überliefert, er habe goldgefaßte Zimtkränze in Tempeln aufhängen lassen.

Zimt als Arznei wird in einem altchinesischen »Leitfaden der ärztlichen Praxis« ganz besonders gelobt, in einer byzantinischen Sammlung aus dem 13. Jahrhundert sogar als giftabwehrend ausdrücklich erwähnt. Was man so alles aus und mit Zimt machen kann, ist nachzulesen beispielsweise in einem Dokument der damaligen Bunzlauer Apotheke von 1620. Erwähnt werden »gebackene Zimtröhrlein«, und stolz steht »vergoldet« dabei. Damals auch pflegten Leute, die es sich leisten konnten, ihre Arznei in Haus- oder Reiseapotheken unterzubringen, und fast immer war ein Fläschlein Zimtwasser oder Zimtsaft dabei, probates Mittel gegen Verdauungsbe-

Zimt

schwerden zu Haus oder Reisekrankheiten unterwegs.

Wie alle teuren Importe hat man auch Zimt zu verfälschen gesucht. Erste Überlieferungen gibt es aus Marseille aus dem 13. Jahrhundert, später aus Venedig. Der dort amtlich bestellte Prüfer versah vor aller Augen sein Amt auf der Rialtobrücke. Beanstandete Ware wurde vernichtet, der Lieferant mit hohen Geldbußen belegt, in manchen Fällen sogar zum Tode verurteilt. Mitte des 15. Jahrhunderts stellte Nürnberg einen »Merkart« an. Pfeffer hat man »gerbuliert« (ausgelesen), Zimt »gewardelt« (nach Güteklassen gesondert). Das Ergebnis muß häufig sehr deprimierend gewesen sein. »Die Welschen sind böse Händler«, steht in manchen Berichten.

In einem weitverbreiteten pharmazeutischen Wörterbuch nehmen Zimt, seine Bestandteile und Verarbeitungen 17 Positionen ein, die altbekannte Pfefferminze 7, Kamille sogar nur 3. Trotzdem ist Zimt in unseren zur Zeit gültigen Arzneibüchern nicht mehr aufgeführt. Keiner weiß, ob er wieder einen Platz dort finden wird, wie so manches Mittel, das, lange vergessen, eines Tages wieder zu Ehren kam.

Baum des Lebens und der Liebe

»Und der Herr ließ aufwachsen aus der Erde allerlei Bäume, lustig anzusehen und gut zu essen, und den Baum des Lebens mitten im Garten...«

Wir alle kennen die Geschichte von diesem geheimnis- und bedeutungsvollen Baum, von dem die Bibel erzählt. Aber sie ist keineswegs hebräischer Alleinbesitz – beinahe in allen Kulturen des Orients und auch des Okzidents begegnet sie uns in stetig wechselndem Gewande.

Er stand aufrecht, duftend und mächtig über den Quellen der Ströme, blühte und trug seine Früchte, nährte die Menschen, schützte sie gegen Wetter und Unbill. Wer leben wollte, brauchte nur nach den Früchten zu greifen. Sie nährten ihn und sicherten ihm Wohlbehagen und Gesundheit. Und was war das Leben eigentlich mehr als dies?

Allmählich vertieften sich die Vorstellungen, vergeistigten sich, spalteten sich auf. Neben dem Baum des Lebens – wahrscheinlich zunächst mit ihm identisch – strebte ein zweiter Baum empor – ein Zwillingsbaum in der »Mitte des Paradieses«. Der Baum der Erkenntnis des Guten und Bösen. Nicht den körperlichen Hunger zu stillen, war er geschaffen, sondern er war Wahrzeichen des geistigen Lebens, faßbares Merkmal der Reife, der sittlichen Wertung, der Verantwortung und damit wohl nicht mehr des Lebens schlechthin, sondern allein des aus ihm schöpfenden lebenden Geistes. So wenig wie dem Menschen die Fähigkeit geschenkt war, seine Krankheiten selber zu heilen, seine Gesundheit zu sichern, sein alterndes Leben festzuhalten und die Vergänglichkeit seines Körpers zu bannen – so wenig stand ihm offenbar auch die Einsicht in die Gesetze eines sittlichen Handelns und in die aus ihnen sich ergebenden Folgerungen zu.

Der gleiche Gott, der die Krankheiten schickte und heilte, gab auch die Gebote für das rechte Tun.

Die Geschichte vom Sündenfall lehrt uns, daß bereits der frühe Mensch sich gegen diesen Machtanspruch wehrte. Sie lehrt weiter, wieviel schwerer als der Gedanke an Gut und Böse das Leben wog. Darum mußte die Sorge, daß der Mensch nun etwa auch vom Baum des Lebens eine Frucht breche und genieße, ganz besonders groß auf Gott Jahwe lasten, selbst für seine Stellung als der EINE Gott.

Damit der Mensch nun nicht etwa zurückkehre, »lagerte Gott vor den Garten Eden die Cherubim mit dem bloßen hauenden Schwert, zu bewahren den Weg zu dem Baum des Lebens«.

Unsterblichkeit ziemt allein der Gottheit. Doch wenn wir den alten Sagen anderer Völker glauben dürfen, dann wurde sie nicht etwa den Göttern ohne weiteres geschenkt, sondern sie muß auch von ihnen immer wieder von neuem erworben und gesichert werden. Ohne Ausweg verfielen sie dem Altern und dem Verfall, wenn nicht die verjüngende Frucht eines lebenspendenden Baumes für sie bereit stand.

Zum reinen Mysterium wurde der Baum des Lebens im Islam: Jedes Blatt des Baumes sei mit dem Namen eines Menschen beschrieben. Alljährlich in der »Nacht des Verhängnisses« begibt sich Allah ins Paradies und schüttelt den Baum. Ein Erzengel hebt die fallenden Blätter auf und streicht die auf ihnen verzeichneten Namen aus dem Buch des Lebens. Damit ist das Schicksal der betreffenden Menschen besiegelt: Im Verlauf des kommenden Jahres werden sie sterben. Aus dem Baum des Lebens ist ein Baum des Sterbens geworden.

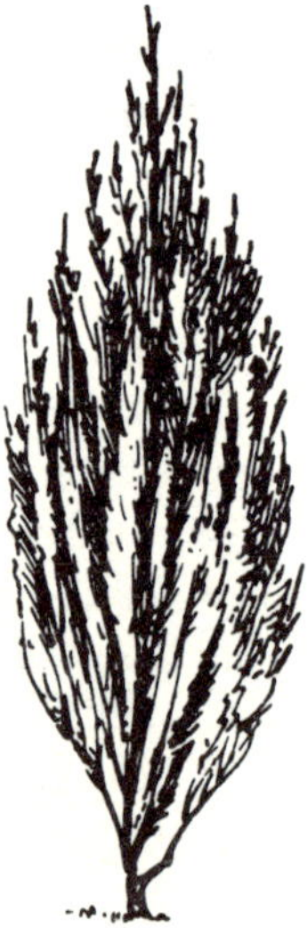

Abendländischer Lebensbaum

Allahs »Baum des Lebens« stammt aus Ägypten. Dort hat man schon einige tausend Jahre zuvor eine Göttin mit dem Namen Safach verehrt. Sie war vor allem die Schutzherrin der Bücher und der Geschichte. Hyroglyphengeschmückte Denkmäler zeigen sie mit einem Palmzweig in der linken Hand, auf dem die Zeitperioden eingekerbt sind. Mit ihrer Rechten schreibt sie Namen auf die Früchte eines dem Lorbeer verwandten Gewächses. So ist sie zugleich die Schenkerin eines verlängerten Lebens. Leben und Tod sind und bleiben zwar übermächtige Tatsachen, denen der Mensch sich zu unterwerfen hat. Doch durch die Verbindung mit dem Lebensbaum wird, wie es scheint, für den alten ägyptischen Menschen die Härte und Unerbittlichkeit des Geschehens gemildert. Er ist nicht mehr ausschließlich an die unheimliche Ferne und Unerforschlichkeit des göttlichen Willens gebunden, sondern dem Menschen begreiflich – handgreiflich – nahegerückt. Die Götter kann er nicht sehen – an sie muß er glauben oder an ihnen verzweifeln. Der

Baum aber wächst in seinem Garten, auf seinem Acker, am Fluß. Er kann ihn pflegen, sogar seine Blätter nach Belieben pflücken, kann sich aus ihnen Arznei bereiten, kann an der Wirkung den wohltuenden Erfolg zu jeder beliebigen Stunde ablesen. So darf er sich der Vorsehung näher fühlen.

Wahrscheinlich waren, wie auch nach dem Glauben der alten Inder, alle Pflanzen der Erde Abkömmlinge des Lebensbaumes. Daher also nahmen sie ihre Fähigkeit, Menschen wie Tiere zu ernähren.

Das Leben erwies sich als mit dem Baum auf das innigste verbunden. Kein Tag war ohne ihn denkbar. In dem gleichen Augenblick, in dem er etwa welkte, mußte nach der Konsequenz der mythischen Beziehungen, die einst die Flora der Erde erstehen ließen, überall Unfruchtbarkeit einsetzen. Noch mehr: Mensch und Tier sind undenkbar ohne den Baum, den großen Repräsentanten dessen, was grünt, blüht und Früchte trägt auf unserer schönen Erde.

Ein Baum kann aus allerlei Verlegenheiten helfen, zumindest dem, der es versteht, alte Lehren und Mythen durch praktisch-vernünftiges Denken aufzuwerten. Ein indischer Brahmane ist nicht nur weise, sondern auch vernünftig, nicht nur gelehrt, sondern auch praktisch und außerdem verheiratet. Wer viel denkt und andere arbeiten läßt, hat gute Aussicht, alt zu werden. So kommt es zuweilen vor, daß ein Brahmane zwei Frauen überdauert. Er ist indessen nicht über Zahlenmystik erhaben, und die Drei ist eine Unglückszahl. Er fürchtet sie. Eine Ehe Nummer drei müßte unabwendbar ins Unheil führen.

Nun, da steht doch am Waldrand eine schöne Asclepias! Der Brahmane begibt sich mit feierlichen Empfindungen zu dem Baum und bindet sein Tabi, das Ehesymbol, um den Stamm.

Es ist freilich eine ungleiche Partie, zumindest in einer Hinsicht: Die Dauerhaftigkeit des Mannes ist mit der des Baumes nicht zu vergleichen, und diese Gewißheit bewegt ihn dazu, die Entwicklung handelnd zu beschleunigen. Er fällt den Baum. Nun ist er frei für eine vierte Ehe unter günstigerem Vorzeichen.

Gleichfalls in bittere Verlegenheit führte jene indische Ehesitte, nach der ein Mann nicht vor seinen älteren Brüdern heiraten darf. Hagestolze gibt es dort kaum, aber ein Körperfehler kann den älteren Bruder doch von der Ehe ausschließen – was dann? Er vermählt sich aus brüderlicher Liebe mit einem Banyanbaum, und schon ist das Ehehindernis für den jungen Bruder ausgeräumt.

Zapfen der
Libanon-Zeder

Beiß zu Adam: der Apfel

Er umschließt ein eßbares Geheimnis, dem unsere gemeinsame Urmutter nicht widerstehen konnte. Farbig ist er, rund, glänzend, wohlschmeckend und überdies zur Vermehrung bereit – so wurde er Freude dem Schauenden, Nutzen dem Rechnenden, Rettung dem Hungernden und beziehungsreiches Symbol dem Fragenden: der Apfel.

Warum es wohl gerade ein Apfel war, in den Adam beißen mußte? Nun, wer hätte denn eine haarige Kokosnuß vorgezogen oder eine Zitrone, der man die saure Natur schon ansieht, wenn daneben die rote Backe eines Apfels freundlich einlud? Das Geheimnis, das die erste Eva mit dem Apfel verbindet, ist gewiß nichts weiter als der Wunsch, den Herrn Gebieter satt zu machen und somit bei guter Laune zu halten, und das mit möglichst wenig Arbeit. Eine Kokosnuß eßbereit zu machen oder einen Blättersalat anzurichten, das hätte doch Mühe gekostet, sogar Kunstfertigkeit, und Eva war gewiß keine gute Hausfrau. Das konnte sie schließlich erst werden, nachdem das Haus gebaut war.

Das Zutrauen zum Apfel wollte Eva trotz gewisser Erfahrungen niemals aufgeben. Mit verzehrender Treue hing sie ihm weiterhin an. Unzählige ihrer Töchter haben seither den Apfel weitergegeben, ohne Arg und ohne allzu böse Folgen. Ganz ohne Folgen freilich nicht immer, denn ein wenig Heimlichkeit ist geblieben.

Seiner runden Form wegen ist der Apfel zum Symbol der Vollkommenheit geworden. Der Vollkommenheit muß das Glück verschwistert sein, und so wird der Apfel zum Symbol des Glücks, der Welt und auch der Herrschaft, die in göttlichem Willen ihre Wurzel hat. Der Reichsapfel war ihr Zeichen. Im alten Persien trug man Stäbe, auf denen ein goldener Apfel befestigt war.

Auch alte Mythen und Sagen zeugen von weiter Verbreitung dieser Schau. Als Adonis, der frühlinghafte Jüngling, zum erstenmal in die Unterwelt kommt, wird er gefragt, was denn das Herrlichste sei, das er auf der Erde zurückgelassen habe, und ohne Zögern sagt er: »Sonne, Mond und Äpfel«, lauter runde Sachen also.

Zu größter Berühmtheit und einem Namen, der immer noch Klang hat, gelangten die Äpfel der Hesperiden, obschon es nichts weiter mit ihnen auf sich hat, als daß eben ein Herakles unglaubliche Abenteuer bestehen mußte. Athene, der er sie opferte, brachte sie wieder in den Garten auf der Insel der Seligen im fernen Westen zurück. Diese Insel möchte Teneriffa gewesen sein, und das Dorf Orotava trägt stolz drei goldene Äpfel im Wappen.

Herakles mag einen lichten Moment gehabt haben, als er darauf verfiel, gerade Athene die Äpfel zu opfern. Nur der Zeitpunkt war falsch, denn Athenes Interesse an jener Frucht war zu dieser Zeit noch nicht erwacht. Aber der Augenblick sollte kommen, da sie durch einen Apfel merklich aus ihrer göttlichen Ruhe gebracht werden würde.

Herakles bekam den erstaunlichen Beinamen Apfelgott oder Melon, allerdings nicht durch diesen Apfelraub. In Griechenland gab es Hirten, die ihm regelmäßig ein Schaf opferten. Nun konnten sie einmal wegen des Hochwassers nicht rechtzeitig ein Tier herbeiholen und so verfielen sie, als intelligente Griechen, auf einen kleinen frommen Schwindel. »Melon« bedeutet sowohl Schaf als auch Apfel. Also ließen sie Schafe und Hochwasser sein, nahmen einen Apfel, steckten Holzstäbchen als Beiwerk hinein und das Melon-Opfer war bereit. Bei dieser praktischen Sitte blieben sie, und sie konnten schließlich ihr Gewissen damit beschwichtigen, daß es beim Opfer weniger auf die Materie als auf den Geist ankomme. Solche »Schafe« kann man auch heute noch dort sehen.

Eine so vielsagende Frucht konnte freilich nicht nur Symbol für Glanz und Herrlichkeit sein. Ihr Ausdrucksvermögen, ihre inneren Wesensbeziehungen reichten ein großes Stück weiter. Ist des Apfels äußere Form Ausdruck für Vollendung und hohes Wesen, so birgt er doch im Innern etwas recht Irdisches: Kerne. Zweifellos ist es diese braune, zum Schoß der Erde verlangende Füllung, die den Apfel auch zum Symbol der Fruchtbarkeit werden ließ.

Als Persephone gerade Blumen pflückte – ein stets mädchengefährdendes Tun – kam Hades aus dem Gebüsch und entführte sie in die Unterwelt. Mutter Demeter hatte wohl anderes mit der Tochter im Sinn und gab ihrem Zorn so mächtigen Ausdruck, daß Hades den Raub beinahe hätte freilassen müssen. Doch was tat er? Er bot Persephone einen Granatapfel an. Ahnungslos biß sie hinein, und dieser Bissen band sie so stark an die Erde, daß sie fortan für den dritten Teil eines jeden Jahres zu ihr zurückkehren mußte. Der Granatapfel blüht rot und hat besonders viele Kerne.

Innere Bindung durch einen Apfel ist in den Mittelmeerländern ein altbeliebtes Motiv. Da gab es religiöse Feiern, deren

Teilnehmerinnen bei Strafe nicht vom Apfel essen durften; sie sollten während dieser Zeit frei bleiben von seinem zum Irdischen drängenden Einfluß. Auch Moslems sehen diesen Zug. Allah nahm, nach ihrer Sage, am ersten Tag einen Apfel und teilte ihn. Adam und Eva erhielten jeder eine Hälfte und dazu den Auftrag, die fehlende Hälfte zu suchen. Die beiden hatten es noch leicht, doch die Aufgabe galt auch ihren Kindern und Kindeskindern, und so sucht seither die eine Hälfte der Menschheit die ihr entsprechende.

Nun, in der Götterwelt der Alten geht es für unsere Begriffe überwältigend sündig zu, und man scheint sich dort an den sonnigen Gestaden wenig Gedanken darüber gemacht zu haben, ob die Liebe zwischen den Geschlechtern unter anderem auch metaphysische Aspekte gehabt habe. Daß sie jedoch Folgen haben könne, überraschende, neckische, auch grauenvolle, gewiß, das wußte man und nahm es hin.

Da war die Sache mit Peleus, dem Vater des Achill, des Helden mit der weichen

Ferse. Auf Beschluß der Götter sollte er in zweiter Ehe Thetis heiraten. Diese jedoch war der Sache abgeneigt. Sie sträubte sich und bot ihre ganze Phantasie auf, um sich dem ungewünschten Werber zu entziehen. Aber ob sie Gestalt des strömenden Wassers, die der bissigen Raubkatze oder der verzehrenden Flamme annahm, Peleus hielt fest, was ihm zugesprochen. Dann kam die Hochzeit des Jahres. Alle Unsterblichen waren geladen und überreichten glänzende Geschenke. Nur eine hatte man geflissentlich vergessen, Eris, und das war verständlich, war sie doch die Göttin der Zwietracht.

Granatapfel

Man wünschte sie nicht. Sie aber ließ sich nun mal nicht ausschließen, diese Hüterin des Unfriedens. Eris gedachte sich ihren Anteil Vergnügen an diesem Fest auf eigene Weise zu gewinnen, eines boshaften und mit spielerischer Mühelosigkeit zu erlangenden Vergnügens: Sie warf in den Festsaal einen goldenen Apfel, in den sie zuvor zwei abgefeimt biedere Worte geritzt hatte: »Der Schönsten« stand da.

Wie vorauszusehen, ging die Saat sofort auf: Hohe Damen vergaßen die guten Umgangsformen, vergaßen, daß Bescheidenheit nicht nur eine Zierde der Schlechtweggekommenen ist, vergaßen den Rat der Weisen, kurz, sie zankten sich um den Apfel. Nachdem durch Zuruf die Lage soweit geklärt war, daß nur noch drei der Damen in engere Wahl kamen, wurde beschlossen, ein unschuldiger und daher hellblickender Hirtenknabe solle die Entscheidung treffen. Paris wurde für dieses Amt ausersehen, und vor ihn traten auf dem Berge Ida die göttlichen Damen Hera, Athene und Aphrodite.

Da dieser ersten und berühmtesten Wahl

einer Schönheitskönigin, im Gegensatz zu späteren Bräuchen, keine Zeugen beiwohnten, sind verständlicherweise mancherlei Berichte im Umlauf. Sicherlich darf man jenem Bericht vertrauen, in dem gesagt wird, daß Paris von angeborener Gründlichkeit war und deshalb drauf bestand, die zu beurteilenden Schönheiten erst einmal ungeschminkt und unverhüllt zu besehen.

Zwei von ihnen hielten dies für ein unschickliches Ansinnen und zeigten sich empört. Die Dritte hingegen, Aphrodite, hielt das Benehmen der anderen für Prüderie und erklärte, gerechtes Urteil setze Offenbarung voraus. Sie tat, was der junge Richter forderte. Hera und Athene mußten, Groll im Herzen, es der Schamlosen gleichtun, wollten sie nicht ihre Chancen aufs Spiel setzen; und das wäre doch noch härter gewesen. Der Apfel aus Paris' in Aphrodites Hand wurde Ausgang einer Geschichtslawine, die das stolze Troja zermalmte.

Eine andere Frau, die Fürstin Libussa in Böhmen, sah im Apfel gleich der Eris ein Mittel, Zwietracht zu erzeugen. Nur tat sie

Apfelblüte

es nicht aus Bosheit, sondern aus Klugheit. Und sie entzweite nicht Frauen, sondern Männer. Die Fürstin hatte drei Generale, die durch ihre Machtgelüste das Land in Gefahr brachten. So ließ sie die drei Generale rufen, legte einen schönen Apfel vor sie hin und sagte mit feinem Lächeln: »Wer der Verdienstvollste unter euch ist, der mag den Apfel nehmen.« Sofort zogen sie blank und brachten sich gegenseitig um.

Zu anderem Zweck als die zanksäende Eris bediente sich die schöne Atalanta des Apfels. Ihr hatte ein Orakel große Unannehmlichkeiten in Aussicht gestellt für den Fall, daß sie eine Ehe einginge. Sie sollte dann ihre reizende Gestalt verlieren. So etwas kommt zwar vor, muß aber doch nicht immer sein. Jedenfalls war es von dem Orakel recht häßlich, die Seele des Mädchens so zu vergiften. Atalanta beschloß, Jungfrau zu bleiben. Um die Bewerber abzuschrecken, gab sie bekannt, daß dem Tode verfalle, wer im Wettlauf mit ihr verlöre. Sie konnte das leichthin verkünden, war sie doch zu Fuß die schnellste der Sterblichen. Ihr Vorgehen freilich war befremdlich. Der laufende Bewerber bekam eine kleine Vorgabe, sie rannte mit dem Speer in der Hand hinterdrein. Erreichte sie ihn, und sie erreichte eben jeden, dann vollstreckte sie das Urteil gleich selbst. Trotz der bedenklich hohen Wahrscheinlichkeit, von Frauenhand getroffen zu werden, fanden sich immer wieder kühne Jünglinge, denen ein Abenteuer den höchsten Einsatz wert war. Eines Tages kam Hippomenes und meldete sich mit siegesgewisser Lässigkeit zum Wettkampf. Da er sich zuvor bemüht hatte, mit Aphrodite in gutes Einvernehmen zu kommen, war seine Zuversicht nicht grundlos: Aphrodite hatte ihm drei goldglänzende Äpfel gegeben und eine weibliche Gebrauchsanweisung dazu.

Der Wettlauf begann. Atalanta holte langsam auf. Doch als sie nahe kam, ließ Hippomenes einen Apfel ins Gras fallen. Atalanta, von Form und Glanz des Gegenstandes unwiderstehlich angezogen, geriet ein wenig ins Stocken und verlor kostbare Sekunden. Dasselbe gelang nochmals mit den beiden Reserveäpfeln, und dann war Hippomenes am Ziel. Aber er beging einen vernichtenden Fehler. Im Rausch seines Glückes vergaß er, Aphrodite die Äpfel zurückzugeben, und dann, von allen wohlwollenden Geistern verlassen, umarmte er noch dazu Atalanta im Tempel einer anderen Gottheit. Das war zuviel, man wird es zugeben, wenn auch eigentlich nur des Guten. Göttlicher Zorn mußte über die beiden kommen, und sie wurden auf der Stelle in Löwen verwandelt. Da diese ein relativ trauliches Eheleben führen, war das doch noch gnädiger als eine Verwandlung etwa in Spinnen oder Siebenschläfer. Leider aber hat durch die Überschwenglichkeit des

Jünglings das schwarzseherische Orakel recht bekommen.

Wer arglos und herzhaft in einen Apfel beißt, und dann zu spät sieht, daß ein Wurm schon vor ihm drin war, der stößt wohl leicht eine Verwünschung aus. Warum nur der herrliche Apfel einen so widerlichen Gast beherbergt? In Rumänien erzählt man sich folgende Erklärung:

Es war als das goldene Zeitalter der Menschheit zu Ende ging. Die Leute waren nicht mehr zufrieden damit, von einem gütigen Gott gespendet zu bekommen. Sie wollten selbst Kräfte lenken und Macht in Händen haben. Damals wuchs der Anhang des Teufels auf der Erde. Die Menschen sahen Vorteil und Vergnügen darin, vom Bösen allerlei Künste zu lernen. Da beschloß Gott einzugreifen. Er kam auf die Erde, versammelte die Menschen und sagte, er wolle ihre Künste sehen. In einer Scheune zwischen Apfelbäumen zeigten sie, was sie gelernt hatten. Schließlich forderte Gott sie auf, einen Apfel anzufertigen. Das überstieg nun die Teufelskünste der Prüflinge bei weitem, und ihre Versuche blieben kläglich stecken. Da wurde Gott zornig, schleuderte einen Blitz unter die bösen Menschen und diese krochen als häßliche kleine Würmer in die Äpfel der umstehenden Bäume. Bilden hatten sie diese nicht können, nun mußten sie sie zerstören. Seither sind manche Äpfel wurmstichig.

Auch der Büchsenobstesser wird sich noch daran erinnern, daß der Apfel recht geeignet dazu ist, Runen und andere Zeichen in die Schale geritzt oder ins Fleisch geschnitten zu bekommen. Dies, in Verbindung mit seinen guten Flugeigenschaften, ließ ihn findigen Leuten für die Nachrichtenübermittlung geeignet erscheinen.

Akontius, ein schnelldenkender Griechenjüngling, kannte die Methode. Doch hielt er es für einfältig, nur gerade eine verliebte Botschaft auf solche Weise abzusenden, und auch für zu wenig förderlich, wenn es um eine greifbare Eroberung ging. Er tat ein Weiteres und Stärkeres: Zu einem Fest auf der Insel Delos verfing er sich im Blick eines blühenden Mädchens aus vornehmem

Athener Hause. Bei ihrem Vater würde er keine Beachtung finden, das wußte er. Als er ihr wieder einmal folgte, ging sie zum Tempel der Diana, um dort zu opfern. Ein witzig-kühner Gedanke kam da Akontius, und er kaufte rasch einen Apfel, ritzte etwas in die Schale und ließ ihn dann der Kydippe, so hieß das Mädchen, vor die Füße rollen, als sie bei der Göttin weilte. Kydippe konnte den Apfel nicht liegenlassen, Neugierde regte sich in ihr, sie nahm ihn auf und las hörbar, wie es eben üblich war: »Ich schwöre bei Diana, Akontius wird mein Gemahl.« Da war es geschehen. Diana hatte den Schwur gehört, und dem Vater der Kydippe blieb kein Ausweg, er mußte die Tochter dem gewitztcn Burschen überlassen.

Solche Kniffe verfingen freilich nicht überall, und meist wurden sie ja auch nicht benötigt. Wenn die Beherrschung des Wortes mangelhaft war, die Zunge im entscheidenen Moment versagte, da mußte oft der Apfel einspringen. Manchmal gewann er die Bedeutung einer Redeformel. Schon das

Zuwerfen – etwas burschikos, vielleicht auch nur verlegen – oder das Überreichen eines Apfels galt als Liebeserklärung und Werbung, und wurde deshalb ernst aufgenommen. Der Apfel war der wichtigste Buchstabe des ganzen symbolischen Alphabets.

War die Zungenfertigkeit der Umworbenen nun vielleicht größer als die des Werbenden, so wird sie sich doch in einem solchen Fall einer dem Augenblick frommenden Zurückhaltung befleißigt haben.

Die Germanen sahen den Apfel als Träger von Kräften für ein ewiges Leben in Jugend. Iduna gibt den Helden, die Walhalla betreten, Äpfel in goldenen Schalen. Und als es Loki gelingt, Iduna zu rauben, da erleiden die göttlichen Helden einen Rückfall in die irdische Schwäche zu altern. Doch sie gewinnen Iduna zurück, und, einmal gelabt an ihren Äpfeln, haben sie auch gleich ihre Jugendkraft wiedergewonnen.

In Ungarn gab es bei Werbung und Hochzeit ausgesucht schöne Äpfel zu sehen, die vielfach mit Geldstücken gespickt wa-

ren. Daß um solcherart gespickte Äpfel auf Hochzeiten Wettläufe veranstaltet wurden, nimmt nicht wunder.

Das Land, in dem alles Liebeswerben einzig auf die Ehe zielt, blieb bisher noch unentdeckt. So war auch die Sprache des Apfels nicht immer »ernst«, sondern vielfach spielerisch und tändelnd.

Uralt sind mancherlei Bräuche, bei denen wir den Apfel in geheimnisvollen Diensten sehen, vom Symbol zum Zaubermittel schon fast hinüberwechselnd. Da gab es Leute, die, anders als der junge Akontius, die Frucht mit kaum sichtbaren zauberischen Zeichen versahen. Es kam dann darauf an, zu erreichen, daß die richtige Person den Apfel verzehrte, wozu Geschick gehörte. Ein Italiener erzählt, daß einmal ein solcher Apfel, der für einen Mann bestimmt war, versehentlich in den Magen eines Schweins geriet. Das gute Tier sei daraufhin der Herstellerin des Zauberapfels nicht mehr von der Seite gewichen.

Verbreitet mag noch die Verwendung von Äpfeln für das Orakel sein.

Ein Mädchen nimmt drei Äpfel mit ins Schlafgemach. In die Schale hat sie zuvor je einen Namen geritzt. Erwacht sie nachts, so ißt sie im Dunkeln einen Apfel auf, und wessen Name darauf stand, der wird es sein.

In österreichischen Landen trugen Mädchen vom heiligen Abend bis zum Mittag des Neujahrstages immer einen Apfel bei sich. Neujahr um zwölf Uhr mittags stellten sie sich vor die Haustür und aßen den Apfel, während die Kirchenglocke zum Gebet läutete. Der erste Bursche, der dann vorbeikam, war der Richtige. Kluge Leute helfen dem Orakel gerne ein wenig nach oder beugen vor, und das läßt sich bei einer solchen Gelegenheit doch ganz gut einrichten.

Orakelmächtig sind auch die Apfelkerne, und sie ähneln dabei im Gebrauch den Sternschnuppen. Bringt man einen spitzen Kern mit der gebotenen Feierlichkeit in die züngelnden Flammen und es gibt einen kleinen Knall, dann ist zwar der Kern geplatzt, aber der heimliche Wunsch wird in Erfüllung gehen.

Hat das Orakel recht behalten oder der werbende Liebesapfel zwei junge Leute ernstlich eines Sinnes gemacht, dann kann ein Fest gefeiert werden, für unzählige das Fest ihres Lebens. Auch da tritt der Apfel noch einmal in Dienst. In China hat ein kleiner Knabe die Aufgabe, in die Ecken des ehelichen Gemachs vier Äpfel zu legen. Sie sind hier Zeichen des ehelichen Friedens. Zieht die Braut in das Haus ein, so bekommt sie eine Apfelgabe. Einen der Äpfel muß sie anbeißen, verborgen unter ihrem Schleier. Die angebliche Friedenssymbolik möchte man freilich anzweifeln und den ganzen Vorgang eher für einen Fruchtbarkeitsritus halten, was dem starken Wunsch der Chinesen nach Kindern entspricht.

Eben diese Bedeutung soll eine Sitte in Griechenland haben. Hochzeiter werden beim Verlassen der Kirche mit getrockneten Granatäpfeln beworfen. Platzen diese dabei, so daß die Kerne herausfallen, dann hat auch schon das Orakel gesprochen und verkündet: Viele Kinder werden kommen. Von Äpfeln erzählen auch Grimms Märchen. In »Eisenhans« wirft eine Königstocher – selbst im Märchen können sich nur Vermögende einen solchen Luxus leisten – drei goldene Äpfel unter die versammelten Ritter. Sie will einen bestimmten herausfinden. Es gelingt. Die Rittersleute spielen begeistert mit, und schließlich erweist sich der Geschickteste auch als der Gesuchte.

In »Schneewittchen« macht sich die böse Stiefmutter dreimal auf den Weg zu den sieben Zwergen. Zweimal können die kleinen Helfer das Schneewittchen vor dem Ärgsten bewahren. Beim drittenmal jedoch fällt der Frau eine teuflische List ein. Sie benutzt die im Menschen von Kindheit an schlummernde Liebe zum Apfel, vergiftet ihn aber zuvor. »Schneewittchen lustert den schönen

Apfel an... und konnte nicht widerstehen«, heißt es betrübt. Einmal mehr hatte der Apfel den Verführer spielen müssen. Glücklicherweise ist alles dann doch noch gut ausgegangen.

Der Apfel sättigt und nimmt den Durst. Er hält den Menschen bei guter Laune. Er macht ihn freundlich und freudig, er macht ihn mutig und übermütig, Dinge, die Eva sehr schätzte. Daß dazu der gute Adam auch leichtsinnig wurde, sie störte es nicht. Sie würde es ihm abgewöhnen im Laufe der Zeit. Auch dieser Drang ist bis heute Evas Töchtern erhalten geblieben.

Von vielerlei Nutzen:
der Brombeerstrauch

Was für ein seltsamer Strauch! Seine Schößlinge wachsen nach der Erde zu und schlagen dann wieder Wurzeln. Die Blätter sind erst drei-, später fünfgeteilt. Wurzel, Stengel, Blätter, Früchte – jeden Teil kann man als Heilmittel verwenden und jeden gegen eine andere Krankheit. Unsere Vorfahren wanden eine Menge Legenden, Sagen und Geheimnisse um den Brombeerstrauch: In Böhmen z.B. legten die Kinder beim Beerensammeln die erste Handvoll auf einen Baumstumpf als Opfer für Melusine, eine Waldheilige, von der man glaubte, daß sie es hundertfach zurückgeben werde. Der Brombeerstrauch half Verborgenes sehen, den künftigen Freier erkennen, aber auch Hexen und bösgesinnte Menschen.

Im Züricher Oberland ging man, um sich von Furunkeln zu befreien, vor Sonnenaufgang ins Holz und suchte sich einen quer über den Weg gewachsenen Brombeerstrauch heraus. Darunter schlüpfte man dreimal hin und her und nannte dabei die drei höchsten Namen. In Emmental wählte man für diese Kur den Karfreitag. Ein anderer Aberglaube besagt, ein Kind, das nicht gehen lernen wolle, müsse an einem Freitagmorgen durch einen solchen Bogen hindurchkriechen. Nach englischem Volksglauben wird verzaubertes Vieh entzaubert, wenn man es durch Brombeerranken treibt.

Diese Bräuche gehören einem Anschauungskreise an, der im Volksglauben überall und seit urdenklichen Zeiten eine große Rolle spielt. Durch das Hindurchkriechen soll die Krankheit auf den Strauch übertragen werden. Andererseits bedeutet es die magische Wiederholung der Geburt, also eine Art Wiedergeburt. Sehr bedeutungsvoll ist der Nachweis, daß auch außereuropäische Naturvölker diesen Brauch haben. Die Neger nördlich des Njasasees z. B. kriechen, wenn bei einem Stamme schwere Krankheiten ausgebrochen sind, unter einer gekrümmten Rute hindurch, deren beide Enden in die Erde gesteckt sind.

»Zeige mir Deine Kunst, Zimmermannssohne«, soll einmal der Teufel zu Jesus gesagt haben, »jeder von uns soll eine Pflanze machen. Mal sehen, wer es am besten kann.«

Da schuf Jesus einen Weinstock, stark und kräftig, schattenspendend und mit herrlichen Trauben voll behängt. Der Teufel gab sich unerschüttert und rief frohgemut: »Jetzt will ich dir zeigen, was ich kann.« Und er schaute unverwandt den Weinstock an. Da wurde ein Brombeerstrauch daraus, und seine süßen Früchte waren hinter scharfen Dornen versteckt.

Jesus lächelte nachsichtig, und der Teufel machte sich grollend davon.

Immer wieder haben die dornigen Zweige und ihre Eigenart, sich am Boden entlang zu bewegen, die Phantasie der Menschen angeregt. In Südtirol erzählte man sich, früher sei die Pflanze ein stattlicher Baum gewesen. Einmal sei die Mutter Gottes vorbeigekommen und ihr Haar habe sich in den dornigen Zweigen verwickelt. Da sei er zu einem Strauch geworden, dessen Zweige am Boden kriechen mußten.

In Irland krochen die Mädchen zu Allerheiligen durch einen Brombeerbogen, schnitten dann einen Zweig ab, und legten ihn unter ihr Kissen. In der Nacht sollten sie von ihrem Zukünftigen träumen. Es gibt aber auch eine Geschichte, in der eine solche magische Verwendung gänzlich mißglückte. Sie soll irgendwo in Ungarn passiert sein. Eine Frau, die sich von ihrem Mann vernachlässigt fühlte, versteckte einen kleinen Brombeerschößling heimlich im Bett ihres Mannes, leider so ungeschickt, daß er sich zerkratzte. So hatte die ganze Zauberei schon ihre Wirkung, allerdings

Brombeere

eine entgegengesetzte. Der Bericht endet lakonisch: Der so Zerschundene bläute seine Frau gehörig durch, so daß sie die Vernachlässigung als kleineres Übel hinnahm.

Brombeeren gehörten zu den frühesten Nahrungsmitteln, und in einem botanischen Werk des 16. Jahrhunderts heißt es:

»Allen, welche die Speise nicht bei sich behalten können und erbrechen müssen, sind Brombeeren nützlich: die Frucht gegessen, das grüne Laub zerstoßen und als Pflaster auf den Magen gelegt. Wenn es keine Beeren gibt, soll man die jungen Schößlinge oder das Laub sieden und dem Kranken reichen. Die gedörrten Blätter, in Wein und Wasser gekocht, stillen und stopfen den heftigen Durchfall, desgleichen die Blutung der Frau. Blüten und Früchte, in Wein gesotten, sind wertvolle Arznei denen, die von giftigen Würmern, Schlangen und Skorpionen gestochen worden sind. Die Wurzel, in Wein gekocht oder gepulvert ›zermalet den Lenden (Gallen)-Stein‹. Gebranntes Brombeerwasser, abends und morgens getrunken, hilft gegen Blasenstein und

-grieß. Brombeerblätter oder Schößlinge, in Wein gesotten und damit den Mund warm ausgewaschen, heilt die Mundfäule und befestigt die Zähne, damit gegurgelt, hilft es bei Halsentzündungen. Es dient den Badern gegen Hautunreinigkeiten, wenn man häufig die Stellen damit wäscht. Brombeersaft, vor dem Bad auf die Haut gebracht, macht sie schön. Brombeerlaub, in Lauge gekocht, färbt das Haar schwarz...«

Die große Zahl der Anwendungsmöglichkeiten praktisch aller Teile des Strauches beruht hauptsächlich auf den entzündungswidrigen, aufsaugenden und neutralisierenden Inhaltstoffen Gerbsäure und Pektinen. Unseren besonders auf dem Balkan eingesetzten Truppen beider Weltkriege war der Brombeerstrauch eine wertvolle Hilfe in vielerlei Nöten.

Sohn der Erde: der Kürbis

Voll strotzender Kraft ist er, sonnenhungrig und von majestätischer Größe: der Kürbis.

Die Stengel und Ranken können schon bald nicht mehr diese Last tragen und bedecken nun wie ein durchbrochener grüner Teppich das friedliche Beieinander der Früchte, die gelassen der Reife entgegenwarten. Die Zeit geht spurlos an ihnen vorbei, als hätten sie die ältesten Rechte auf dieser Welt, als seien sie vor allem schon dagewesen.

So werden es die Griechen empfunden haben, als sie dem Kürbis den Rang eines Sohnes der Erde gaben, den Titanen verwandt und älter selbst als die olympischen Götter. Keine andere Pflanze hat einen solchen Stammbaum aufzuweisen, keine andere kann sich mit den Früchten messen an Größe und Zeugungskraft, im Reichtum der Samen verborgen.

Nun war der in der Antike bekannte nicht der Kürbis, den wir in unseren Gärten heute finden. Aber er ist ihm verwandt, jener Flaschenkürbis, der vielerlei Formen kennt und eine besonders harte Schale besitzt. Seine Heimat ist Vorderindien, von wo aus er sich im Laufe der Jahrhunderte bis zu den Mittelmeerküsten durchgeschlagen hat. Die Ägypter haben ihn abgebildet und ihren Toten die Samen mit ins Grab gegeben. In Rom wurde er etwa zur Kaiserzeit bekannt, und bald taucht der Name »Cucurbita« auf, was mit den Begriffen »Korb« und »Gefäß« zusammenhängt. Man fertigte daraus Trinkgefäße und Behälter zum Aufbewahren beispielsweise von Honig und Milch. Als »Kalebassen« sind solche Behälter in tropischen und subtropischen Gegenden seit urdenklicher Zeit und noch heute im Gebrauch. Man hat sie teilweise sehr schön verziert und ihnen auch kultische Aufgaben zugeteilt. Fortunas Füllhorn ist sicherlich daraus hervorgegangen. In Kalebassen pflegt das Schicksal Glück und Unglück den Menschen zu reichen, Leid und Freude, Sturm und Unwetter, wie in Sagen öfter berichtet.

Folgen wir Koch-Isenburg in seinem Bericht aus Madagaskar, eine Schöpfungslegende, wie man sie duftiger und zarter sich nur schwer vorstellen kann!

...Gott schuf einen Mann und nannte ihn Jetse. Da ihm alles zuwuchs, hatte Jetse es nicht nötig zu arbeiten. So begann er Bildwerke zu schnitzen, sich selbst ähnlich. Als er zehn davon gemacht hatte, beschloß Gott, Abwechslung in sein Leben zu brin-

Kürbis

gen, ihm eine Frau beizugesellen. Zu einer seiner Töchter sagte er: »Geh zur Erde und heirate Jetse!« – »Und wenn er mich nicht liebt?«

»Nimm diese zehn Kalebassen hier aus Kürbisrinde. Wenn er dich nicht beachtet, öffne die erste und lasse die Mückenplage frei. Kommt er dann nicht zu dir, so öffne die zweite, und dumpfe Schwüle des feuchten Waldes wird sich ausbreiten. In der dritten sind die kalten Winde der Höhe, er wird kommen und sich bei dir aufwärmen, wenn du sie freiläßt. Aber du hast noch weitere Mittel: Hunger und Durst, juckende Pusteln, die ihn zu dir treiben werden, Nebel, Langeweile, Geschwätzigkeit und schließlich den Drang zu lachen, der die Menschen zueinander treibt...«

Das Mädchen steigt zur Erde herab, aber Jetse beachtet sie nicht. Sie befreit die Kälte – er macht Feuer. Sie läßt Hitze sich ausbreiten – er geht in einen kühlen Wald. Pusteln bilden sich auf seiner Haut – er reibt sich an einem Baum. Nichts führt ihn zu dem Mädchen. Sie schickt Langeweile – er fängt an, Bäume zu fällen. Sie schickt die Geschwätzigkeit – er gähnt nur. Sie schickt das Lachen – er reinigt sich die Zähne mit spitzen Hölzchen. Da gibt das Mädchen auf und kehrt zum Vater zurück.

Nun ruft Gott seine Tochter Ivelo.

Ivelo hat kein bängliches Fragen. Sie braucht keine Kalebassen. Sie spannt sich als strahlend heller Regenbogen über den abendlichen Himmel. Jetse sieht ihn, sinkt in die Knie, und sie fragt:

»Was tust Du?«
»Ich liebe Dich!«
»Willst Du mich?«
»Ich will Dich!«

Die Orchideen

Biônarôt nannten die alten Nordländer eine Blume mit knolligen Wurzeln. Das soll »Heiratsblume« bedeuten. Es war eine Erdorchidee. Diese Orchideen mit doppelter Knolle als Wurzel standen in Nord und Süd in Beziehung zur Liebe. Es war wohl Symbolik mit im Spiel, doch waren es nicht die

Orchideenblüte

Blüten, sondern eben die Wurzelknollen, die dabei Bedeutung hatten, und diese auch mehr in liebesmedizinischer Hinsicht. Manche Arten haben eine große und eine kleine Knolle. Das mußte zu tiefgründigen Spekulationen reizen. Die Römer glaubten, wenn der Mann die größere Knolle einnehme, dann sei ein Sohn, wenn hingegen seine Frau die kleinere Knolle verzehre, dann sei ein Mädchen in der Ehe zu erwarten. In Thessalien verzehrt man sie mit Ziegenmilch: die größere entflamme die Liebe, die kleinere kühle sie ab.

In der gespaltenen Knolle mancher Erdorchidee kann man mit Glück und Phantasie ein Händchen erkennen – ein Liebes-Zauber-Händchen. Gelingt es dem Mädchen, damit die Haut des Burschen heimlich zu

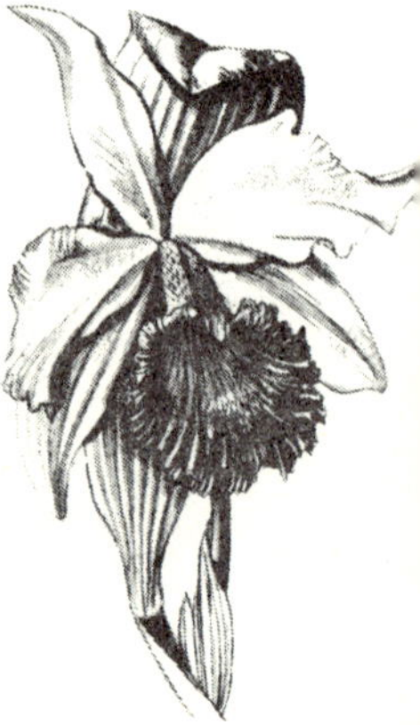

Orchideenblüte

berühren, dann ist er ihr verfallen. Selbst Göttinnen sollen Orchiswurzeln benützt haben, um Liebe zu wecken.

Orchideenblüte

Ein apartes Mitglied der an überraschenden Einfällen gewiß nicht armen Familie ist der Frauenschuh. So eine Pflanzengestalt muß auf außergewöhnliche Weise entstanden sein. Auf Malta weiß man davon zu berichten: Als Maria auf der großen Flucht war, hatte sie nichts Süßes mehr für ihr Kind. Da führte sie ihr Weg an einem toten Löwen vorbei, in dessen Rachen sich ein Schwarm Bienen niedergelassen hatte. Da die Bienen in Maria ein gutherziges Wesen erkannten, flogen sie herbei und boten ihr Honig an. Die dankbare Mutter versprach: »Ich will euch eine Blume schaffen, die dem Maul des Löwen gleicht, darin ihr stets reichlich Honig findet.« Doch weil sie einen Pantoffel nahm, um das Erdreich zu formen, wurde kein Löwenmaul, sondern ein Frauenschuh daraus.

Das Geschlecht der Baumorchideen ist umrankt von wilden, phantastischen, ja von blutigen Geschichten. Was hat jene Orchideenjäger wohl getrieben, so großen Einsatz zu wagen: Große Geldsummen? Abenteuerlust? Sammelwut? Alles das und dazu eine Liebe, die sich bis zur Vernarrtheit auswuchs. Der Kavalier von heute hätte Grund, jener Männer zu gedenken, die ihre Haut wagten, um die Ahnen dieser phantastischen Gewächse in die Hände zu bekommen. Nennen wir wenigstens einen: Leon Humblot. Der berühmte französische Orchideensammler durchstreift auf Madagaskar eine ihm unbekannte wilde Gegend. Er bekommt Hunger und will sich eine kleine Stärkung schießen. Da begegnet ihm das unglaubliche Mißgeschick, daß seine Ladung Vogelschrot durchs Gebüsch gerade in ein Götzenbild trifft. Sofort ergreifen ihn die erzürnten Priester der beleidigten Gottheit, übergießen ihn mit Öl und zünden ihn an.

Die meisten Baumorchideen haben eine besondere Eigenschaft. Diese Besonderheit ist die Haltbarkeit der Orchideenblüten. Sie rührt daher, daß die Blüten oft wochenlang auf das richtige Insekt warten müssen, das sie bestäubt. Bereitschaft zur Ausdauer, wenn nötig zur Belagerung, kann also die stille Botschaft der Orchidee heißen.

Die Baumorchideen boten so manches für symbolischen Brauchtum, aber sie waren den Menschen immer zu schwer erreichbar, als daß jene Verrautheit hätte aufkommen können, die Grundlage solcher Bräuche ist. Man hält sie leicht für Schmarotzer, sie sind es aber nicht. Die schönsten und größten Blüten leuchten auf Pflanzen, die am kärglichsten leben. An Fruchtbarkeit übertreffen sie unsere Apfel- oder Nußbäume, enthält doch eine einzige Frucht Zehntausende und sogar Hunderttausende von Samen, nur sind diese eben winzig klein.

Exzentrik und Ausschweifung gewinnen in vielen Orchideenblüten Gestalt. Die »dritte« Lippe ist wie eine wunderliche, feenhafte oder groteske Bühne. Weniger kindlich-fromme Geister als jene Malteser sahen in der Lippe des Frauenschuhs eine Barke der Aphrodite, die zur Fahrt nach Kythera einlädt.

Wer eine Orchidee schenkt oder empfängt, der tut gut, die Augen zu öffnen. Weit mehr als bei jeder anderen Blume. Denn sie ist ein Fremdling und ein reichbeladener dazu.

Orchideenblüte

Das Veilchen

Das bescheiden am Boden kauernde Frühjahrskind hat nicht nur viele, sondern auch erlauchte Verehrer gehabt. Gäbe es eine Geschichte in Blumenepochen, dann könnte das Veilchen einige Kapitel darin für sich beanspruchen.

Sanftmut, Demut und Sittsamkeit scheinen im Veilchen verkörpert zu sein. Früh war es als kultischer Schmuck beliebt: mit Rosmarin zusammen im Mai für die Bildnisse der Hausgötter bei den Griechen, und die Bacchantinnen banden es um ihre Stäbe. In Athen wurde das Veilchen zur Modeblume, so sehr, daß sich die anderen Griechen über das »veilchenduftende Athen« und die »veilchenbekränzten Athener« lustig machten. Homer weiß Rühmliches von ihm: Es wuchs auf den Matten vor der Grotte der Kalypso, die den umherirrenden Odysseus so lange Jahre umgarnt hielt. Es stand dort so reizend, daß selbst der immer eilige Hermes verweilte, um den dunkelblauen Teppich zu bewundern.

Veilchen

Aphrodite, Miss Olymp für unbestimmte Zeit, bekam auch reichlich Veilchen verehrt und dazu den Beinamen »die Veilchenbekränzte«, was dunkelhaarig bedeutet. Vielleicht gab es auch schon bläuliche Haare?

Josephine Beauharnais liebte das Blümchen so sehr, daß sie sich bei ihrer Hochzeit mit Napoleon als Blumenschmuck nur einen Veilchenstrauß wünschte. Ihr Festkleid wurde mit Veilchen bestickt. Napoleon, der ein treffliches Gedächtnis hatte und auch Kavalier sein konnte, vergaß das nie, und jedes Jahr zum Hochzeitstag bekam Josephine ihren Veilchenstrauß, selbst dann, wenn der Gemahl auf dem Kriegspfad war. Dennoch opferte Napoleon die Kapitänstochter Josephine der Staatsraison und setzte eine Prinzessin an ihre Stelle. Doch als Josephine starb, da lag auf ihrem Sarg, auf weißseidenem Kissen, ein frischer Veilchenstrauß.

Gleichgesinnte brauchen Merkmale, Abzeichen. Und wie es so geht – das Veilchen wurde zum Kennzeichen der Napoleoniden. Sechzig Jahre später schmückten viele Veilchensträuße das Totenbett des dritten Napoleons.

Diese Abwandlung des Veilchens vom Liebesgruß zum politischen Symbol führte zu einer tragikomischen Begebenheit. Es war 1815, turbulente Zeit in Frankreich und Europa, als ein Lehrer an einer Provinzschule seine Schüler einen Aufsatz schreiben ließ. Das Thema entnahm er einem Buch des Pater Rapin über Gärten, dessen Ende lautete: »flosque jovis varius, folii tricoloris, et ipsis par violae«. Kurz darauf wurde der Lehrer verhaftet. Der Grund? Nun, der wackere Bürgermeister, der nur über geringe Kenntnisse in Latein verfügte, hörte zufällig von diesem Thema. Sein Mißtrauen erwachte, was ja für die Obrigkeit immer gerechtfertigt ist gegenüber Leuten, die allzu gewandt in fremden Sprachen reden. Und er begann auf eigene Faust zu übersetzen. Wohl war das eine harte Zumutung, doch er holte den Polizeichef zu Hilfe und nach zwei Flaschen Pommard hatten sie es geschafft. Ihre Lösung sah so aus: »Flos jovis« – Blume des Jupiter (also Napoleon!), »folii tricoloris« – das konnte nur dreifarbige Kokarde bedeuten, »et ipsie par violae« – wieder eine Anspielung auf Napoleon! Er wurde auch »pèe de la violette«, also Vater des Veilchens genannt, weil eben seine Anhänger das Veilchen im Knopfloch trugen. Napoleon war aber zur Zeit die falsche Partei, und so geriet der arme Lehrer in große Gefahr. Er hatte Mühe, die Herren davon zu überzeugen, daß sie ihren Scharfsinn und ihre Bildung vergeblich bemüht hatten und dieser Satz der harmloseste aller

Sätze war, der mit Politik nicht mehr zu tun hatte als etwa ein Polizeichef mit dem Fegefeuer.

Die sonderbaren Namen der Blumen wirken in der Tat oft störend. Wie leicht können da »Erklärungen« falsch sein. In einem Roman Theodor Fontanes steht die korrekte, wenn auch geschraubte Bezeichnung »Bellis perennis« für Gänseblümchen. Ein Herausgeber machte sich die Mühe, viele Namen und Begriffe des Buches im Anhang

Usambaraveilchen

zu erläutern. Weitaus gelehrter als jener französische Bürgermeister, übersetzte er Bellis perennis mit »Kriege überdauernd«. Gewiß, das Gänseblümchen wird damit nicht unverdient gelobt, aber der Vater des botanischen Namens hatte doch nur gemeint: »Die ausdauernde Hübsche«.

Die Dichter, und nicht nur sie, haben bemerkt, daß das Veilchen seine Farbe unverändert beibehält, bis es verblüht. Deshalb wurde es auch zum Sinnbild von Treue und Freundschaft. Auch die größeren Violen, die Stiefmütterchen, mit ihren melancholischen Gesichtern, gelten als Zeichen von Innigkeit und Treue.

Im Duft des Veilchens mischen sich sinnliche Reize – deshalb Liebesduft – und Geistiges. Frauenschönheit zu erhöhen, ist das Veilchen wohl imstande.

Ob es wohl noch jemanden gibt, der es Goethe gleichtut? Er liebte Veilchen sehr, trug oft Veilchensamen in der Rocktasche und verstreute diesen bei Spaziergängen rechts und links des Weges.

Krieg und Frieden
mit Blumen und Früchten

Treviso 1214. Kunibert, der galante Draufgänger, nahm eine vollreife Orange prüfend zur Hand und feuerte sie dann an einen Pfosten, daß es spritzte. Der Pfosten war Teil einer leichten Befestigung, hinter der sich die Gräfin Violita und andere Frauen und Fräulein von Rang und Reiz verschanzten. Vor der Stadt, am Rand eines kleinen Hains, hatten sie ihre Burg erbaut. Die Angreifer, Kunibert war nicht allein gekom-

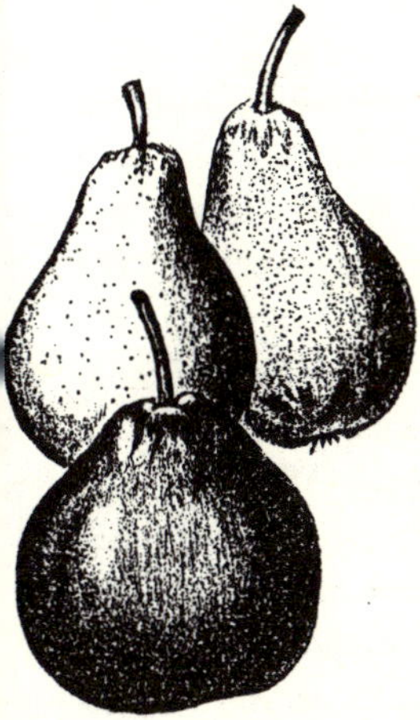

Weintraube

men, waren mit kurioser Munition ausgerüstet: da lagen Äpfel, Birnen, Datteln, und als Schrapnelle unreife Trauben. Durch unregelmäßige Feuerüberfälle machten die jungen Ritter die Burg sturmreif, auch Verräterei und Bestechung – wobei nie herauskam, von welcher Seite die besten Angebote ausgingen – waren im Spiel. Als sie endlich in ihrer Schrecken verbreitenden bunten Gewandung heranstürmten, da fiel ein Hagel von Blüten und Blättern, Rosen mit Dornen auf sie nieder, und statt des siedenden Pechs spritzten ihnen Fontainen von Parfüm ins Gesicht. Doch die Verteidigung war nicht diszipliniert genug, außerdem uneins in bezug auf den günstigsten Zeitpunkt zur Übergabe, sie geriet in Verwirrung und alsbald in Gefangenschaft. Frauenburgen waren leicht zu nehmen, ihnen fehlte eben die moralische Widerstandskraft, wie schon bei Aristophanes zu lesen. Überlassen wir nun Kunibert und seine Kampfgefährten dem Siegesrausch – man weiß ja von den seltsam untergründigen Beziehungen zwischen Kampf und Liebe, wenn dort auch nur Orangenblut geflossen ist...

Mexiko 1590. Im Tal zwischen dem Adlerberg und dem Jaguarberg trafen sich die Krieger der Azteken und der Tlaxcalateken. Krieger pflegen sich zwar nicht »zu treffen«, sondern aufeinander zu stoßen oder sich zu überfallen, aber bei diesen trifft beides zu. Sie trafen sich, um gegeneinander zu kämpfen, und sie trafen sich sogar in regelmäßigen Abständen durch Jahrzehnte hindurch, stets am selben Ort. Die Kette dieser seltsamen Begegnungen, die in der Weltgeschichte wohl einmalig ist, trug den Namen »Blumenkrieg« oder »Rosenkrieg«. Ein geordneter, sozusagen vertraglicher, periodisch heißer Krieg, von kalten Phasen unterbrochen. Die beteiligten Völker waren sich durchaus feindlich gesinnt. Aber sie waren klug genug einzusehen, daß keiner den anderen überwinden konnte. Sie einigten sich auf den Blumenkrieg, und zwar unter ehrlichen Bedingungen. Sie brauchten keine Propagandaerfolge, sondern menschliche Herzen, Opferblut für die Sonne und die Gottheiten der Erde und der Fruchtbarkeit. Das waren die »Blumen«, um die es ging, und der Krieg war das natürliche Mittel, sie zu gewinnen.

Die Azteken waren indessen durchaus nicht unempfindlich für den Reichtum ihres Landes an so herrlichen Gewächsen wie Dahlien, Cosmeen, Rosen, Zinnien, Orchideen. Die schwimmenden Gärten Tenochtitlans hätten sich mit den sagenhaften hängenden Gärten der Semiramis wohl messen können. Die harten indianischen Krieger vergaßen ihre Kampflust und den Blutdurst

Dahlia

der Götter, wurden weich und sahen es mit schwermutdurchtränkter Freude, wenn bei einem der großen Feste solche Gärten, gerudert von den broncefarbenen Armen schlanker, unverhüllter Mädchen, langsam über die Wasser der Lagune glitten.

»Blume« hieß ein Tag ihres 20-Tage-Monats. Vielfältig, wie sonst kaum irgendwo, durchwirkte die Blume ihre Vorstellungen und Sitten. »Fünf Blume« hieß der Gott der Lustbarkeit, dem Spiel, Tanz, Musik und Blumen zugehörten. »Aufrechtstehende Blume« hieß die Göttin der Liebe, der Künste und der Blumenmädchen. Ihr Bildnis stand auf einem Eiland in der Lagune, einen Kranz im Haar, einen Strauß in der Hand; nur in völliger Nacktheit durfte ein Opferer ihr nahen.

Ein paradiesischer Traum mag es gewesen sein, der den Azteken eingab, den Wohnsitz ihres Hochgötterpaares »Wo die Blumen stehen« zu nennen. Kinder, die im zartesten Alter starben, kamen ins »Blumenland«, und dort stand ein Baum, an dessen Früchten sie sich laben konnten wie an der Mutterbrust. Noch deutlicher wird die mythische Wesensverwandtschaft von Mensch und Blume aus der Anschauung, daß die Sterne Urbilder sowohl der Menschen als auch der Blumen seien.

Schützlinge der Göttin »Aufrechtstehende Blume« waren in Tenochtitlan vor allem die Weberinnen. Ihre Kunst stand eben, mehr als dies im frostigen Nordland verständlich ist, im Dienst von Schönheit, Freude und Genuß, deshalb der Liebe schwesterlich zur Seite. Kam ein Mädchen unter dem Kalenderzeichen »Eins-Blume«

zur Welt, dann freuten sich die Söhne der Nachbarn, denn es galt als ausgemacht, daß ihr die schmückende Kunst des Webens wie auch die beglückende Kunst des Liebens in die Wiege gelegt ward.

Im wärmenden Schein so blumig gewobener Gunst reifte der Mann. Sein Sinn wurde geweitet und empfänglich, die Welt reicher, das Leben erfüllter. Und es reifte die Kunst. Zwar haben die eifernden Spanier dieser Kultur das Leben geraubt und die reichen Zeugnisse ihrer Kunst ausgelöscht, aber ein paar Spuren sind doch noch unter den Trümmern sichtbar.

Bildquellen
Hartmut Bastian (Hrsg.),
Ullstein Lexikon der Pflanzenwelt, Berlin
Elly Petersens praktisches Gartenlexikon, München
Schönfelder/Fischer,
Welche Heilpflanze ist das?, Stuttgart

CIP-Kurztitelaufnahme der Deutschen Bibliothek

Döderlein, Günter:
Kleine Geschichten über Pflanzen und Heilkräuter/
Günter Döderlein. –
Stuttgart: Engelhorn Verlag, 1987.
(Engelhorn-Bücherei)
ISBN 3-87203-032-9
NE: Döderlein, Günter: [Sammlung]

Lektorat: Renate Jostmann
Typographische Gestaltung: Brigitte Müller
Satz: Setzerei Lihs, Ludwigsburg
Druck und Verarbeitung:
Hieronymus Mühlberger, Augsburg
Printed in Germany